ÉCOLE

DE

L'HARMONIE MODERNE.

PRATIQUE.
LEÇONS RÉALISÉES.

LIVRE SECOND.

PREMIÈRE SECTION.
HARMONIE CONSONNANTE.

LEÇONS POUR L'EMPLOI DE L'ACCORD PARFAIT, MAJEUR ET MINEUR
ET POUR CELUI DE QUINTE MINEURE.

(Ces leçons, du N.º 1 au N.º 8 inclusivement, se rapportent au onzième du premier
Livre et aux dix premiers chapitres du second Livre.)

N.º 1.
à 2 Parties.
Basse donnée.

N.º 1.
à 3 Parties.

N.º 2.
à 2 Parties.
Basse donnée.

N.º 2.
à 3 Parties.
N.º 3.
à 2 Parties.
Basse donnée.
Phrase se reproduisant en progression modulante.
repos
à la D.
repos
à la D.
Cad. parf.
Cad. parf.
Cad. romp.
Cad. finale.
N.º 3.
à 3 Parties.
N.º 4.
à 2 Parties.
Basse donnée.
Cad. romp.
Cad. parf.
Cad. parf.

Cad.part.
Repos'a la D.
Cad.part.
N. 4.
à 3 Parties.
N. 5.
à 4 Parties.
Basse donnée.

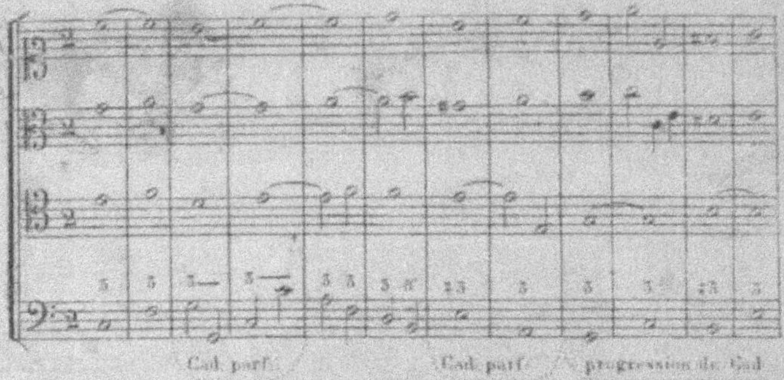

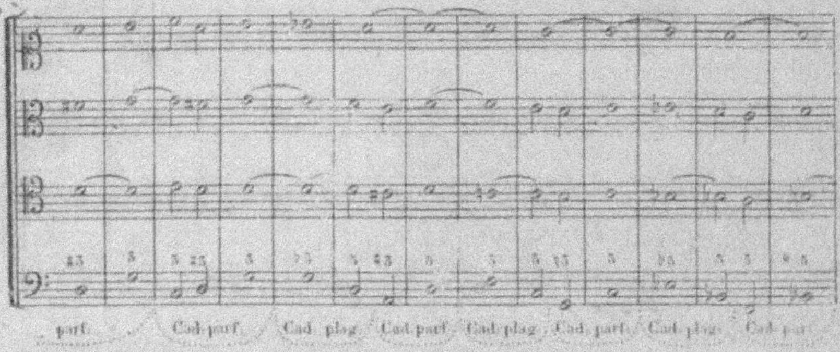

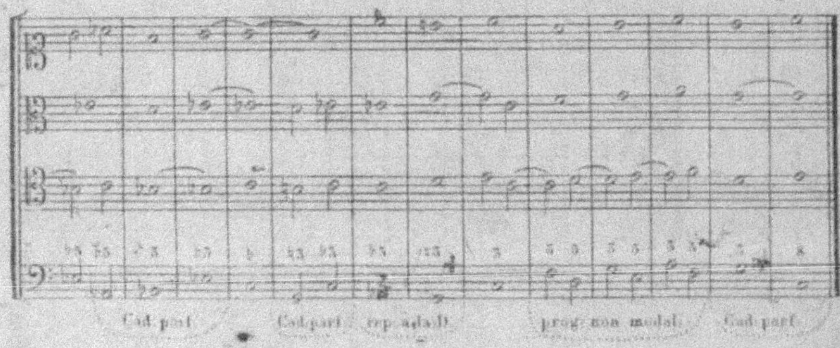

LEÇONS POUR L'EMPLOI DES RENVERSEMENTS DE L'ACCORD PARFAIT, DE L'ACCORD DE QUINTE MINEURE, ET DE DIVERSES CADENCES.

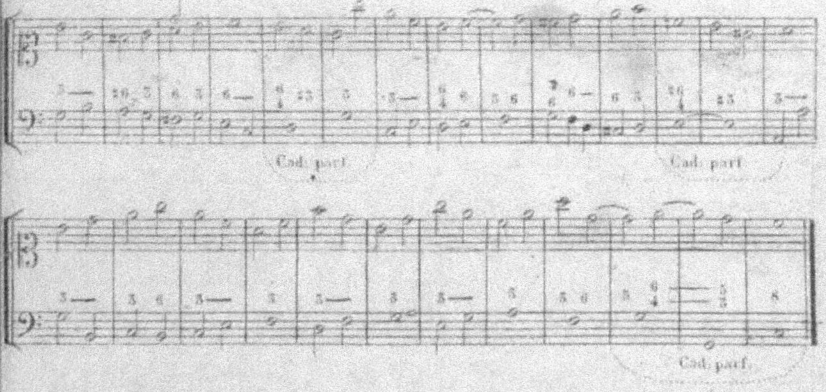

N.º 6.

à 3 Parties.

N.º 6.
à 4 Parties
N.º 7.
à 2 Parties.
Basse donnée.

Cad. plag.
Cad. parf.
replic. la D.
Cad. parf.
Cad. evitée
Cad. plag.
N°. 7.
à 3 Parties.

8.

N.º 7.
à 4 Parties.

N.º 8.
à 2 Parties.
Basse donnée.

N° 8.
à 3 Parties.

10

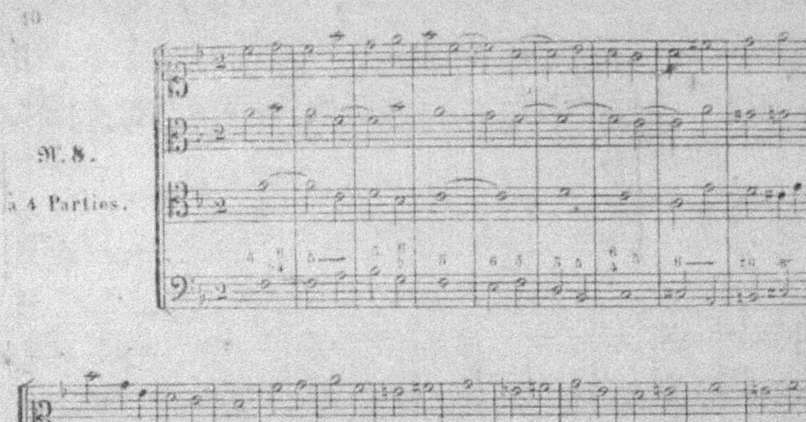

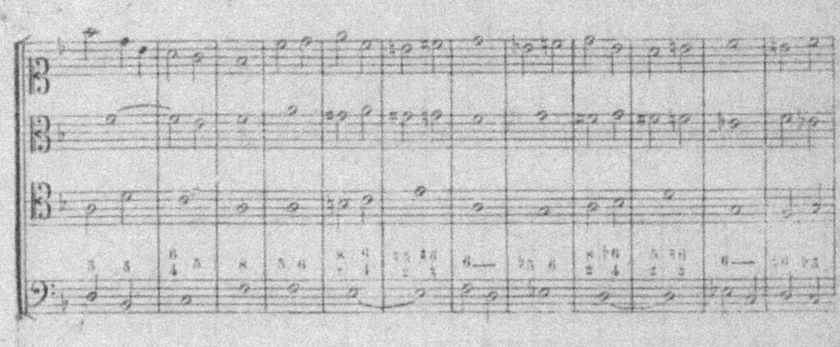

(Chap. XI.)
N°. 9
à 3 Parties.
Basse donnée
à chiffrer.
rép à la B.
N°. 9.
à 4 Parties.

(Chap: XV.)
Nᵒ. 10.
à 5 Parties.
Basse donnée
à chiffrer.
Nᵒ. 10.
à 4 Parties.

(Chapitre XII.ᵉ)
Chant donné.
Nᵒ. 11.
à 3 Parties.

PROGRESSIONS DE SE... ASCENDANTES, (1)

(Tout ce qui suit, jusqu'au N° 24 inclusivement, se rapporte aux chapitres IX.°, XIII.° et XIV.°)

Avec des notes de passage.

Même progression avec des imitations.

à 4 Parties.

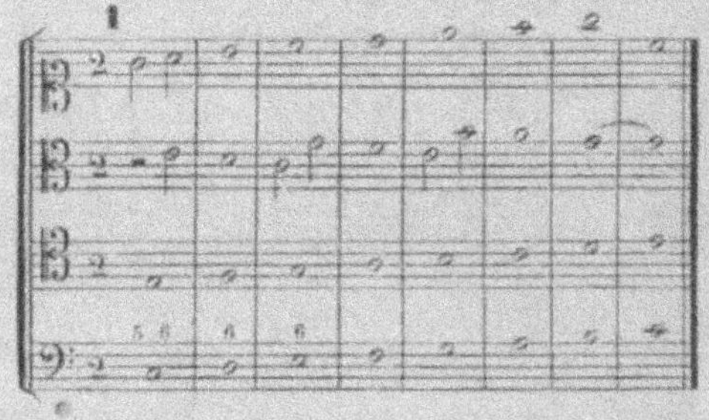

Avec des imitations.

(1) Les progressions ascendantes sont marquées par des chiffres romains, les progressions descendantes par des lettres majuscules, et les progressions composées de plusieurs mouvements par des
chiffres arabes entre parenthèses.

La basse peut être figurée de diverses manières.
à 4 Parties.
à 4 Parties.

IV

à 4 Parties.

IV

PROGRESSIONS MODULANTES.

V

à 4 Parties.

V

VI

à 4 Parties.

VI

VI.(bis) *Avec des Notes de plus longue valeur.*

VI.(ter) à 4 Parties.

PROGRESSIONS DE SECONDES DESCENDANTES.

en imitation.

à 4 Parties.

En imitation.

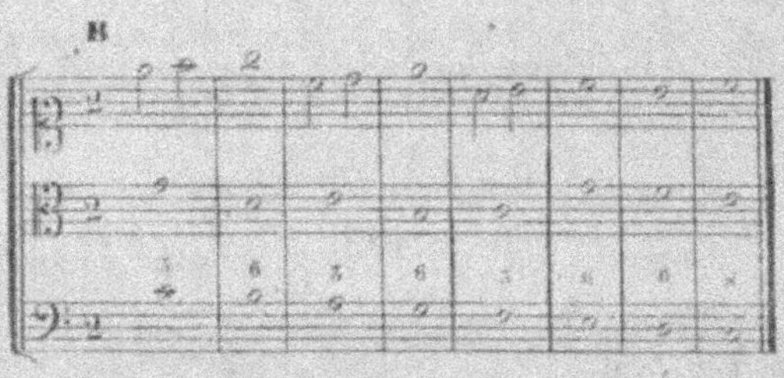

à 4 Parties.

B

PROGRESSIONS MODULANTES.

autrement..

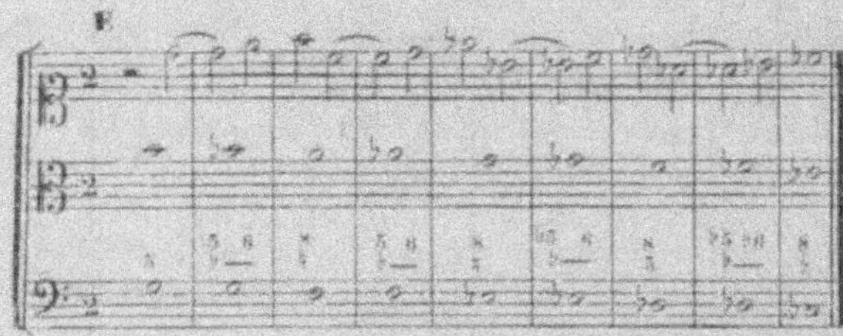

à 4 Parties.

Renversement de la Précédente.

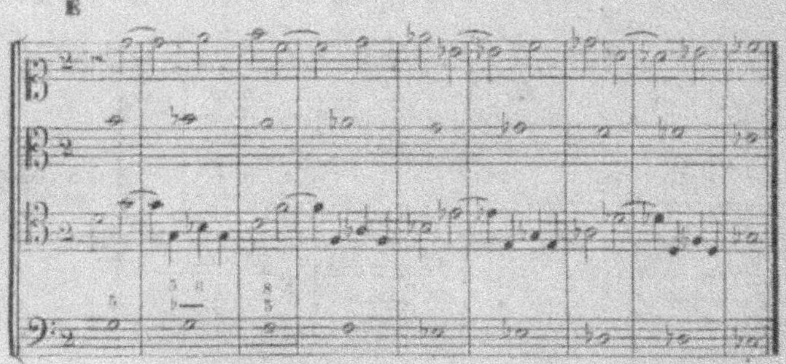

4 Parties.

Autre maniere de faire moduler les deux Basses précédentes.

Renversement de la Précédente.

à 3 Parties
comme en F.

H (bis)   La même en imitation.

PROGRESSIONS COMPOSÉES
de mouvements ascendants et descendants.

Ou bien de la manière suivante.

à 3 Parties.

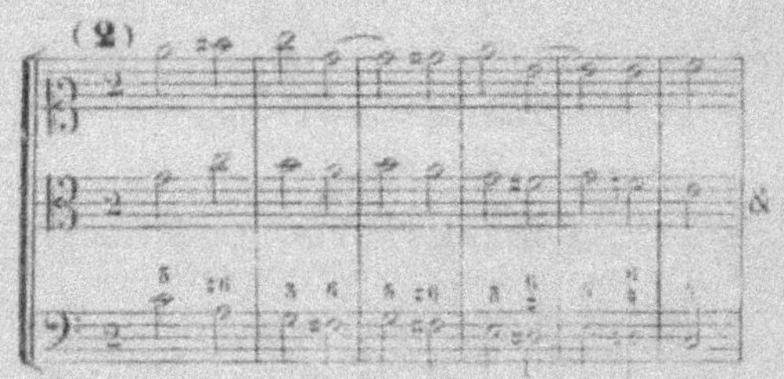

à 4 Parties.

LEÇONS SUR LES PROGRESSIONS DE SECONDES.

(Ascendantes et Descendantes.)

Chant donné.
N° 15.

PROGRESSIONS DE TIERCES ASCENDANTES.

à 4 Parties.

autrement.

à 4 Parties.

En Mineur.
PROGRESSION MODULANTE.

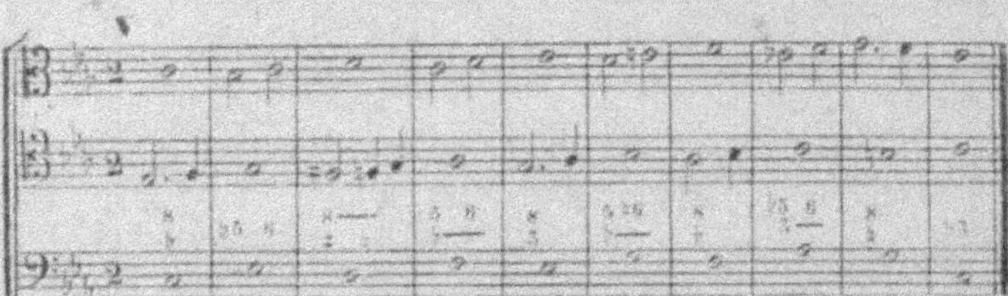

à 4 Parties.

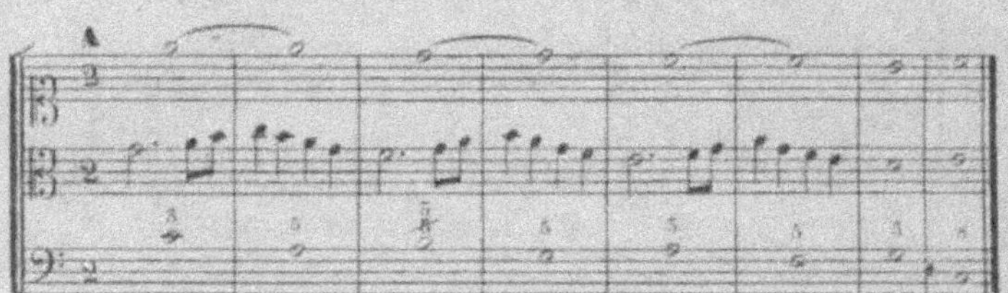

PROGRESSIONS DE TIERCES DESCENDANTES.

à 4 Parties.

à 4 Parties.

à 4 Parties.

à 4 Parties.

On écrit souvent de cette manière mais la suivante est plus élégante.

Avec des imitations.

à 5 Parties.

La 1.re partie fait imitation avec la Basse.

La même disposée dans la mesure à 3 temps.

PROGRESSIONS MODULANTES.

à 4 Parties

autres modulations.

PROGRESSIONS COMPOSÉES

de plusieurs mouvements.

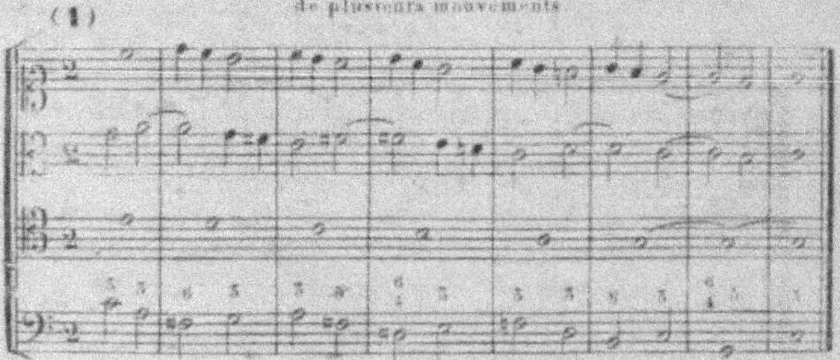

Cette basse peut moduler de diverses manières comme
on le voit ci-après.

(*) On peut aller aussi en UT 7 mineur en mettant Quinte mineure sur b RE ♭.

LEÇONS SUR LES PROGRESSIONS DE TIERCES.
(Ascendantes et Descendantes.)

N°. 14.

Basse à chiffrer.

37
V
B
Chant donné.
N° 15.
D
III

(6)
6
V   IV

PROGRESSIONS DE QUARTES ASCENDANTES.

Avec des notes de passage.

à 4 Parties

autrement.

autre manière d'écrire.

II
III
III
autrement.

à 4 Parties.
III
IV
à 4 Parties.
IV
V
à 4 Parties.
V

VI

à 4 Parties.

VI

VII

à 4 Parties.

VII

Renversement du N°. VI.

VIII

VIII
à 4 Parties.
VIII
autre manière d'écrire.
IX
IX
à 4 Parties.

PROGRESSIONS MODULANTES.

PROGRESSIONS DE QUARTES DESCENDANTES.

à 4 Parties.

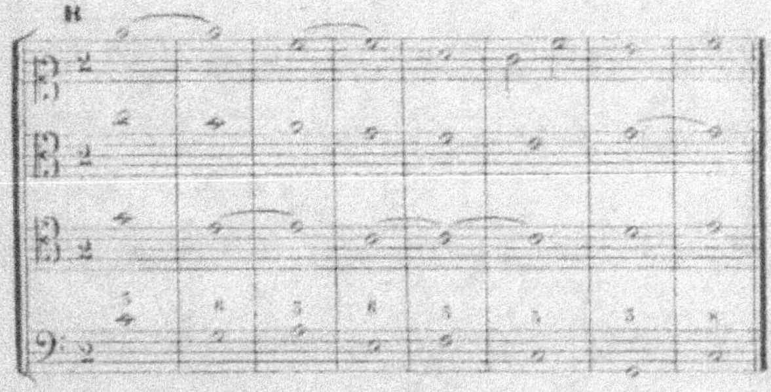

PROGRESSIONS MODULANTES.

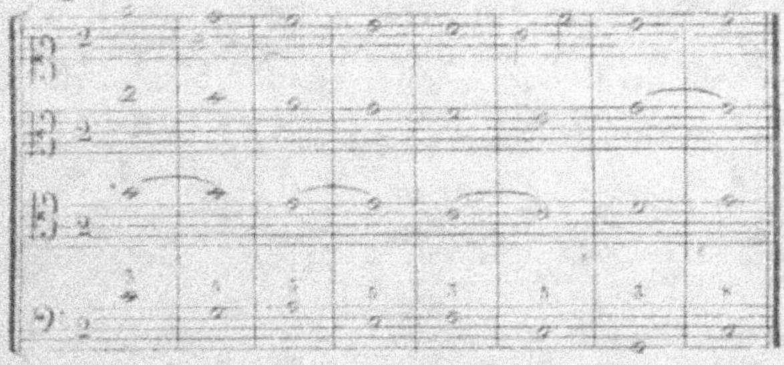

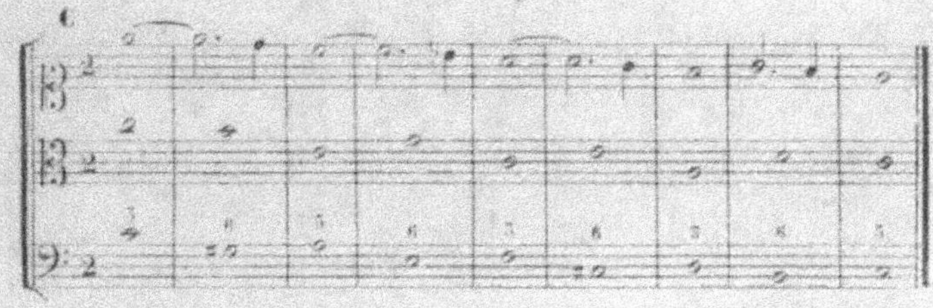

à 4 Parties.

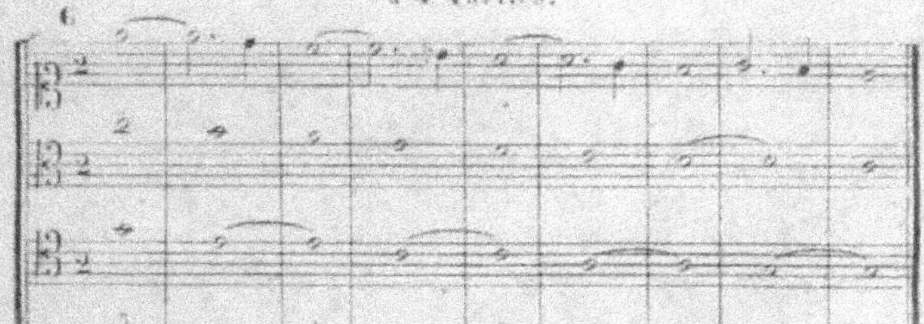

PROGRESSIONS COMPOSÉES

de plusieurs mouvements

LEÇONS SUR LES PROGRESSIONS DE QUARTE
(Ascendantes et Descendantes.)
Nº. 16.
Basse donnée.

№.16.
à 4 Parties.

N.º 17.
Basse donnée.
VI
VIII
A

48
N° 17.
à 4 Parties.

50
N. 18.
à 4 Parties.
Basse donnée.
XI
E
F

Chant donné
N° 19.
A
C
XI

PROGRESSIONS DE QUINTES ASCENDANTES.

à 4 Parties

PROGRESSIONS MODULANTES.

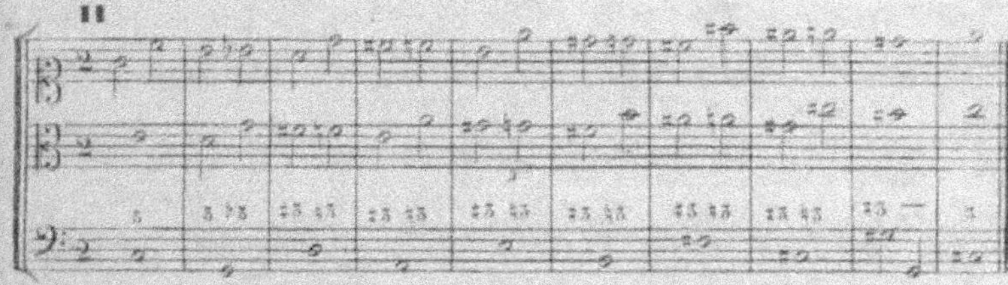

à 4 Parties.

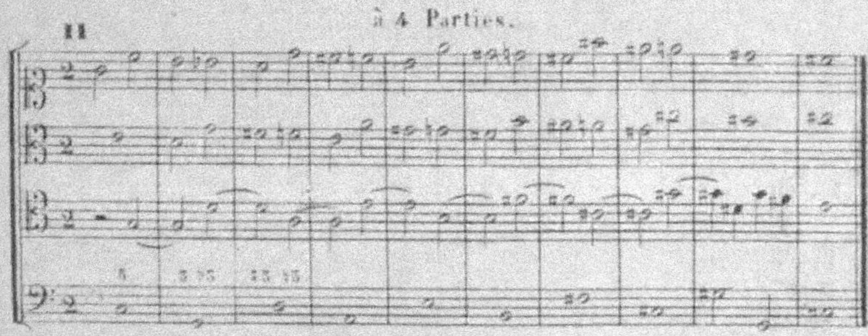

à 4 Parties.

III

à 3 Parties seulement.

IV

Renversement

PROGRESSION COMPOSÉE

de plusieurs mouvements.

(I)

à 4 Parties.

(1)

N.º 20.

Basse donnée.

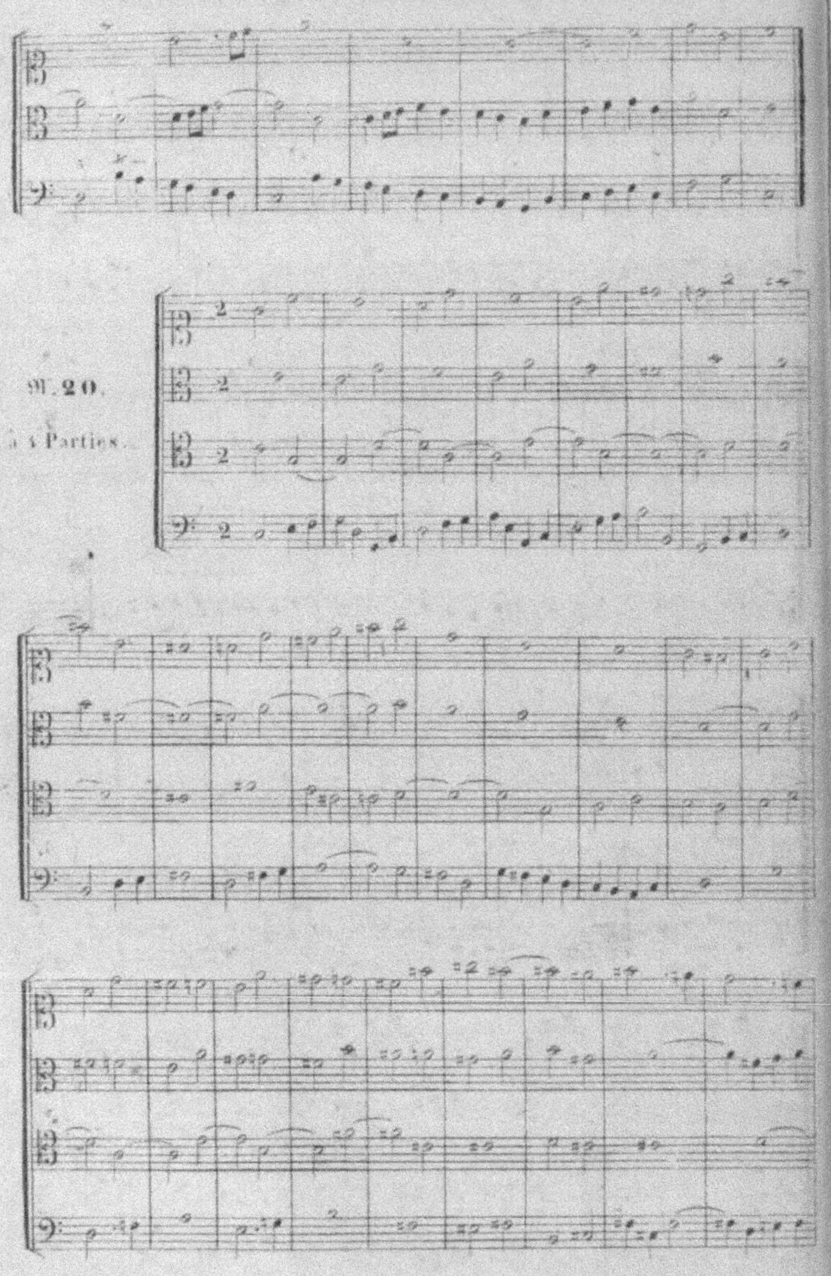

Lento.
Chant donné.
Nº 24.
IV
I
II
(I)

PROGRESSIONS DE QUINTES DESCENDANTES.

à 3 Parties.

Variante de la Précédente
avec des Notes de passage à la 1.re Partie.

à 4 Parties.

à 4 Parties.

à 4 Parties.

PROGRESSIONS MODULANTES.

G

La Basse avec des Notes de passage.

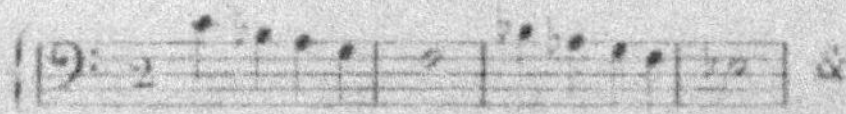

à 4 Parties.

G

Variante de la Précédente
avec Quinte mineure au second temps.

G (bis)

★ Cette progression ne serait bien qu'à trois Parties.

H

à 4 Parties.

à 4 Parties.

Cette progression peut se faire avec les mêmes modu_
_lations en Majeur.

à 4 Parties.

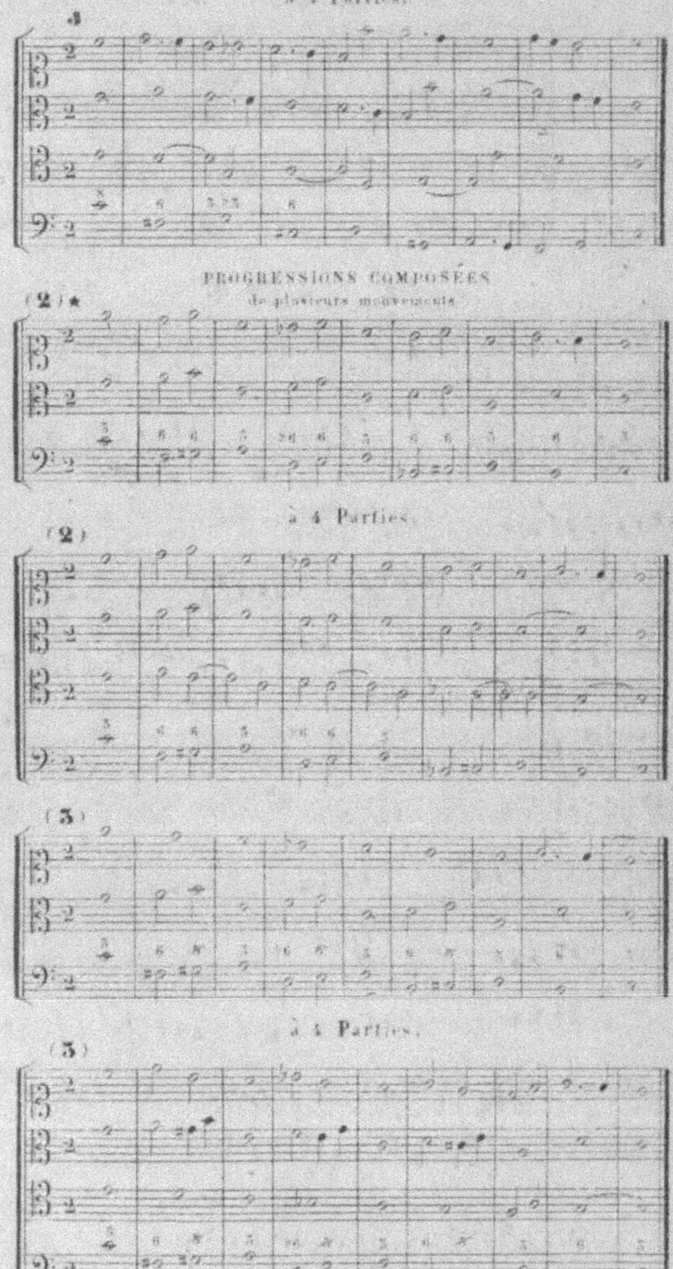

* Suite de l'ordre numéral des Progressions ascendantes. (Page 54)

LEÇONS SUR LES PROGRESSIONS DE QUINTES DESCENDANTES.

N. 22.

à 4 Parties.

VARIANTE.

N.º 25.

Basso donnée.

A
N. 23.
à 4 Parties.

Chant donné.
N.º 24.
(1)
(2)
(2) ou (3)

DEUXIÈME SECTION.

HARMONIE DISSONNANTE.

LEÇONS SUR LA SEPTIÈME DE DOMINANTE ET SES RENVERSEMENTS.

(Chap. XV.)

N°. 25.
à 4 Parties.

(1) Pour éviter d'attaquer la septième par mouvement direct, on peut ne la faire entendre qu'à la fin de la mesure.

1.ᵉ Renversement.

2.ᵉ Renversement.

(Chap. XVI.)

N.º 2 7.

Basse donnée.

3.ᵉ Renversement.

(Chap. XV.)

N.° 28.

Basse donnée.

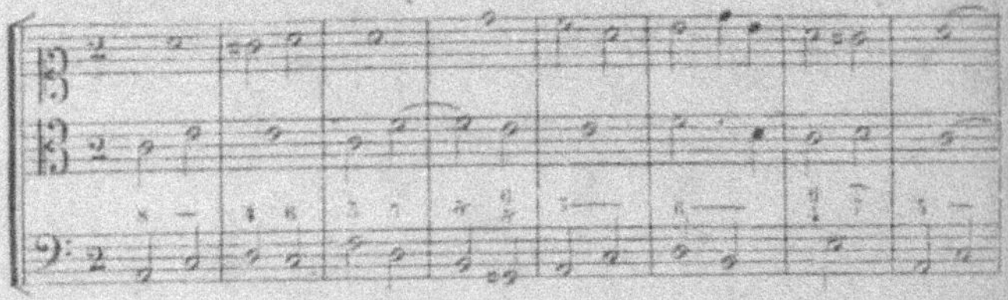

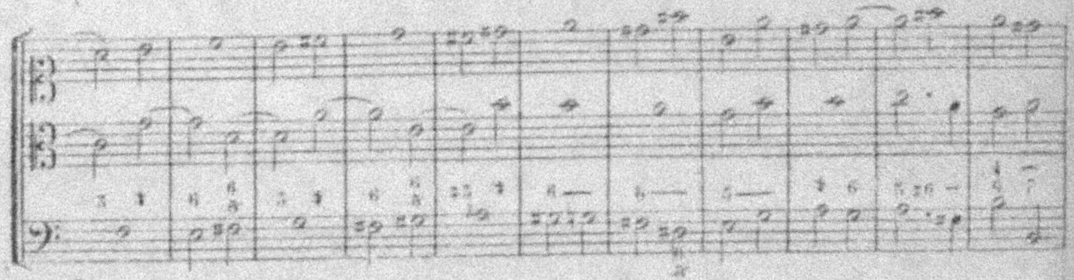

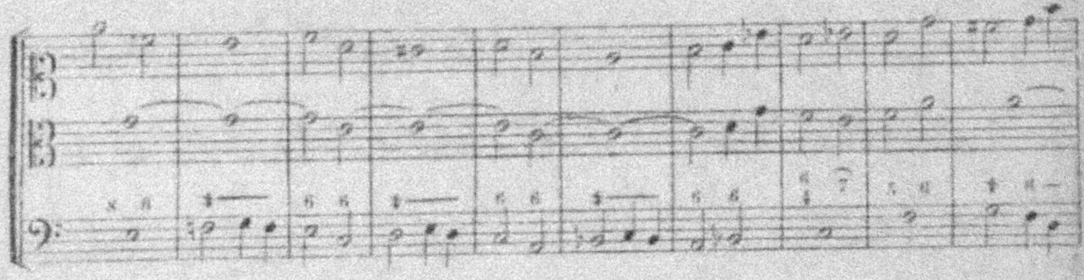

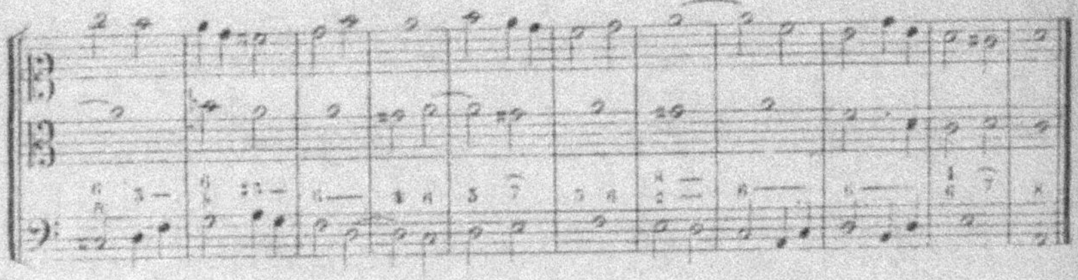

N.° 28.

à 4 Parties.

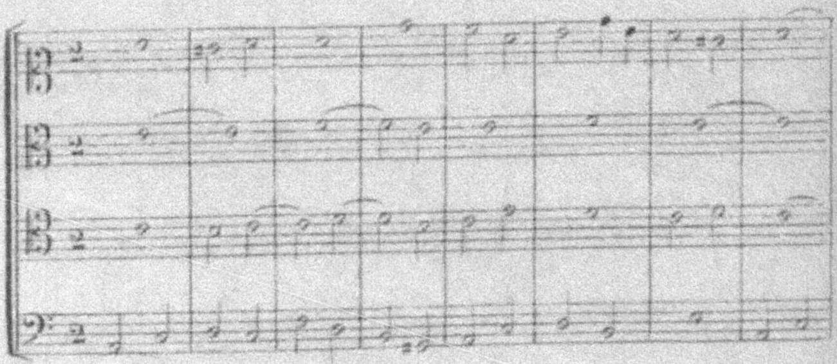

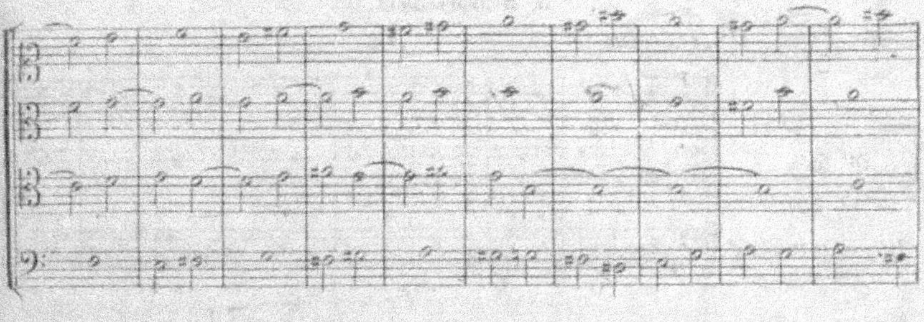

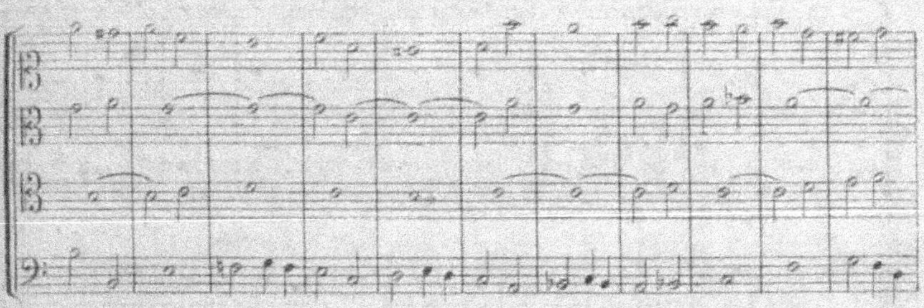

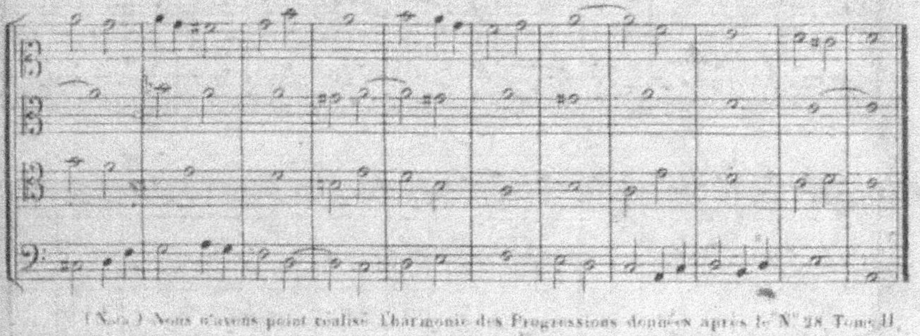

(Nota) Nous n'avons point réalisé l'harmonie des Progressions données après le N° 28 Tome II, parceque au point où nous sommes, cette réalisation ne présente aucune difficulté, excepté le N° 5 qui, à quatre Parties, pouvait offrir quelqu'embarras.

Progression fournie par la 7e Dominante.

91. 5.

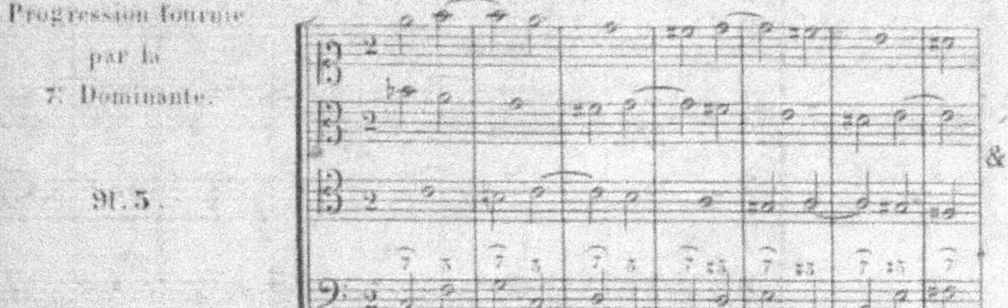

LEÇONS SUR L'EMPLOI DE LA 7.e DE DOMINANTE
et de ses Renversements.
(Chap. XVI.)

Andante.
Chant donné.
№ 50.
Chant donné.
Andante.

PROGRESSIONS FOURNIES PAR LES CADENCES INTERROMPUES

avec la Septième de Dominante.

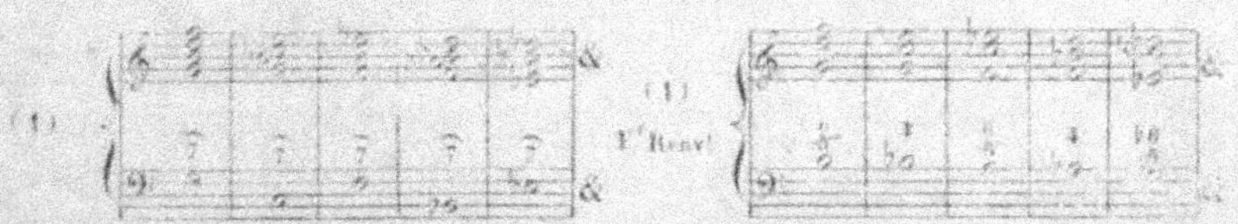

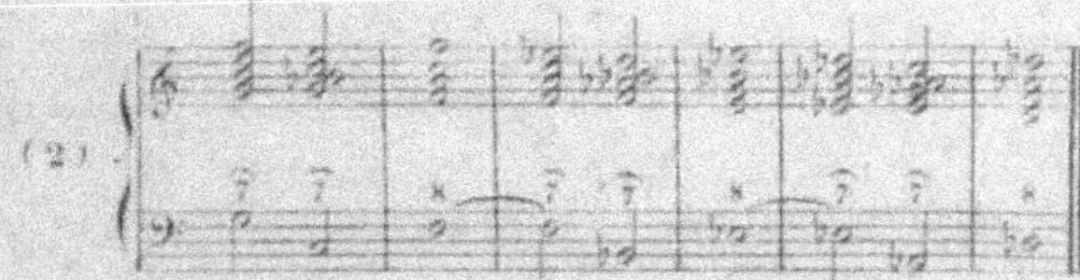

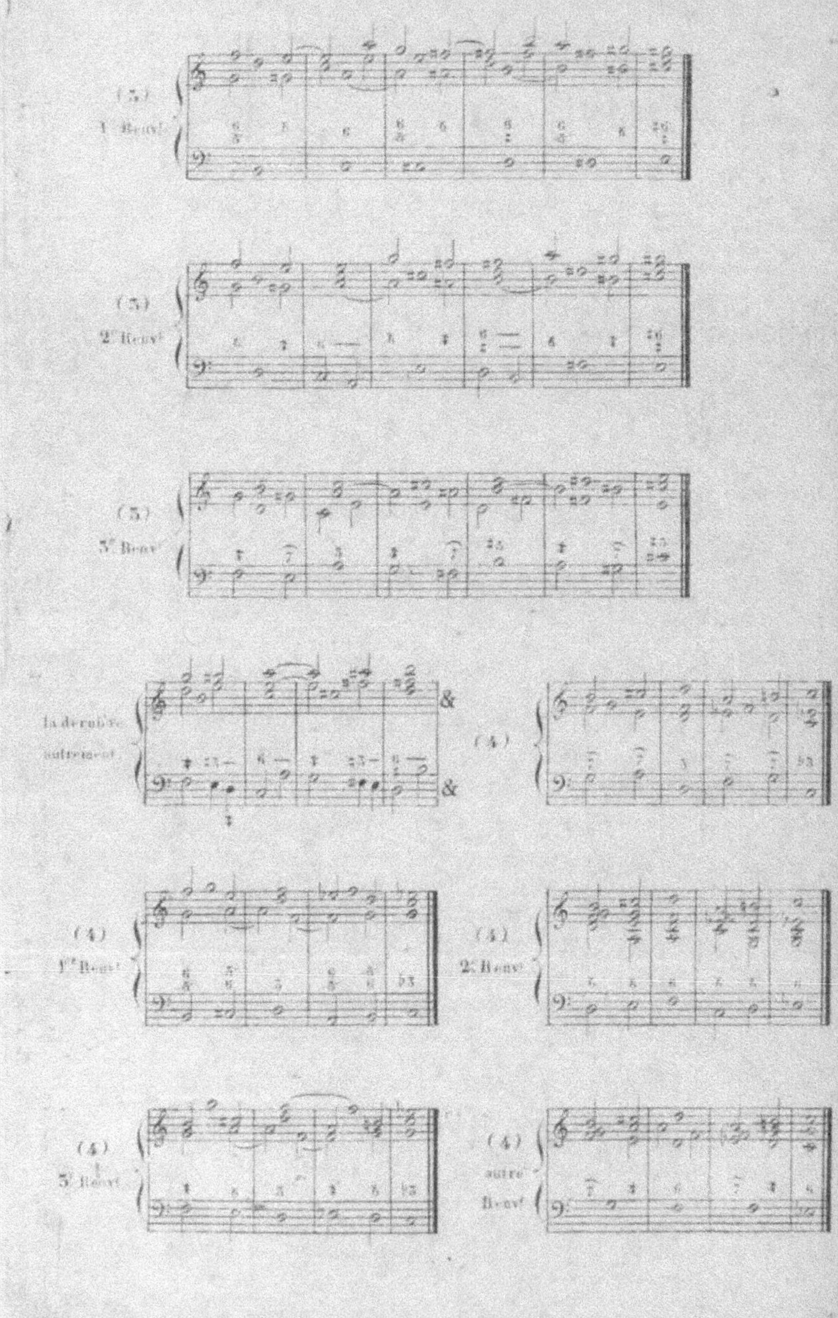

(5)
1.er Renv.t
(5)
2.e Renv.t
(5)
3.e Renv.t
la dernière
autrement.
&
&
(4)
(4)
1.er Renv.t
(4)
2.e Renv.t
(4)
3.e Renv.t
(4)
autre
Renv.t

De toutes ces Progressions, les plus usitées sont le N.º 4 et ses renversements, et le N.º 6.

(Chap XV.)

N° 51.

Basse donnée.

(1) Licence, Résolution exceptionnelle.

LEÇONS SUR LES ÉCHANGES DE PARTIES.

(Chapitre XVII)

Nº 52.

Basse donnée.

(Chap. XVII.)
Chant donné.
Sur les Echappées et les
Cadences interrompues
M. 35.

TROISIÈME SECTION.

DES MODIFICATIONS DE L'ACCORD DISSONNANT.

ACCORD FONDAMENTAL

modifié par la Substitution majeure et mineure, supérieure et inférieure.

N.º 54.

Basse donnée.

DES MODIFICATIONS DE L'ACCORD DISSONNANT.

ACCORD FONDAMENTAL

modifié par la Substitution majeure et mineure, supérieure et inférieure.

LEÇON SUR L'EMPLOI DES RENVERSEMENTS DE LA 7.e DOMINANTE
modifiée par la Substitution majeure et mineure.
(Chap. XVIII.)
N.° 53.
Basse donnée.

PROGRESSIONS FOURNIES PAR LA 7e ET SES RENVERSEMENTS.
modifiés par la Substitution majeure et mineure.
(1) 
(1)
1er Renvt 
(1)
2e Renvt 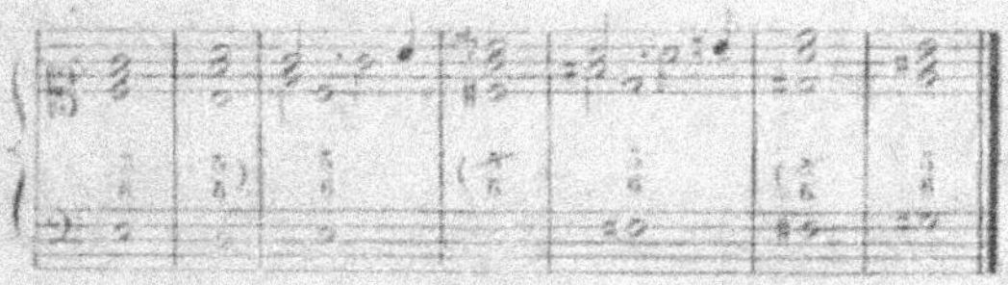
(1)
3e Renvt 
(1)
Substitution
inférieure
avec échange 
(2)
PROGRESSIONS FOURNIES PAR LA 7e ET SES RENVERSEMENTS.
modifiés par la Substitution majeure et mineure.

(2)
1.er Renv.t
(2)
2.e Renv.t
(2)
3.e Renv.t
(2)
Substitution
inférieure.
(3)
(3)
1.er Renv.t
(3)
2.e Renv.t

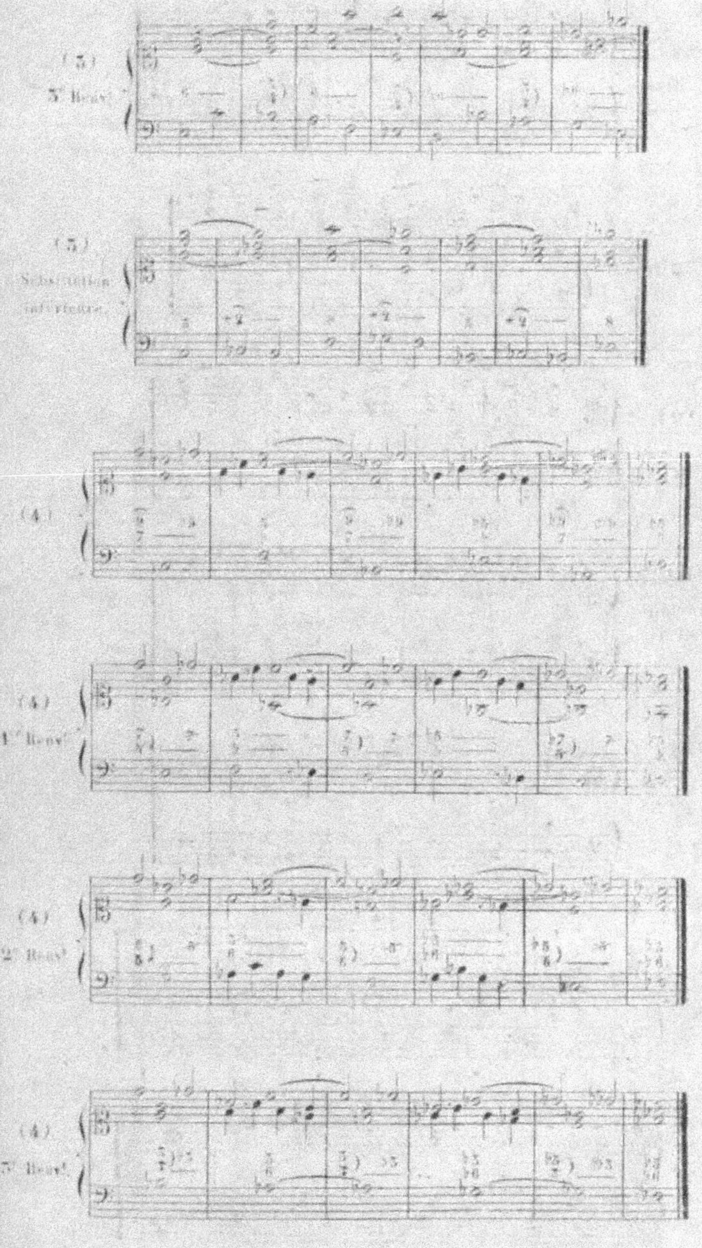

(4)
Substitution
supérieure.
(5.)
(5.)
1re Basse.
(5.)
2e Basse.
(5.)
3e Basse.
(5.)
Substitution
inférieure.

(Chap. XVIII.)

N°. 56.

(Chap. XVII.) Andante.
Chant donné.
N. 37.

CADENCES INTERROMPUES.

PROGRESSIONS FOURNIES PAR LA 7.e DOMINANTE AVEC SUBSTITUTION.

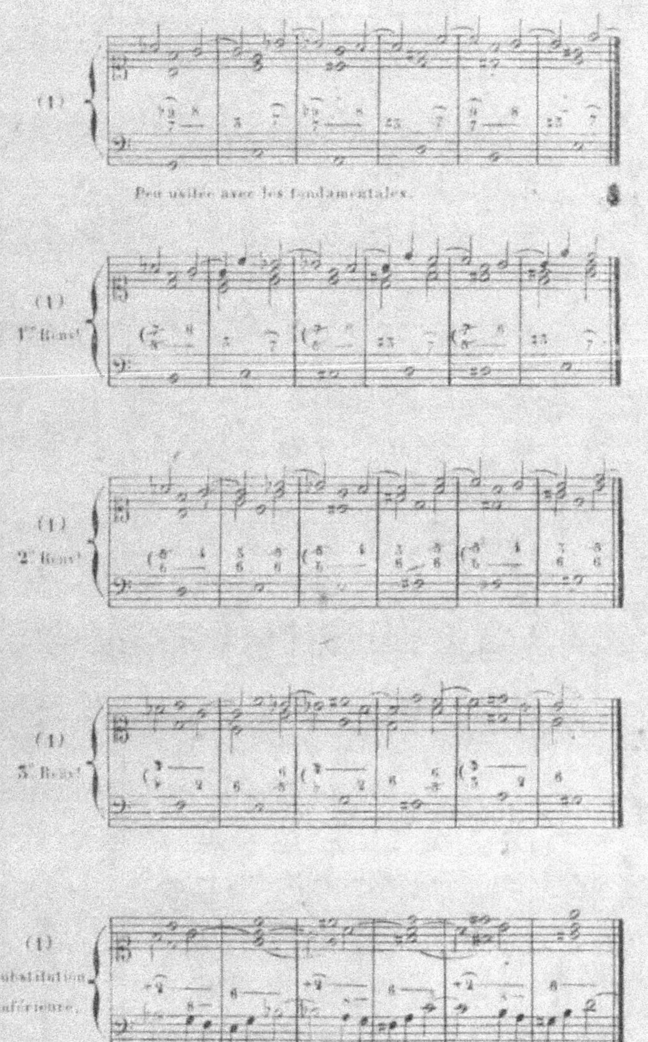

(1) Mieux en résolvant de suite la Substitution. Mais les Renversements sont également faites avec l'une ou l'autre résolution.

(3)
1.er Renv.t

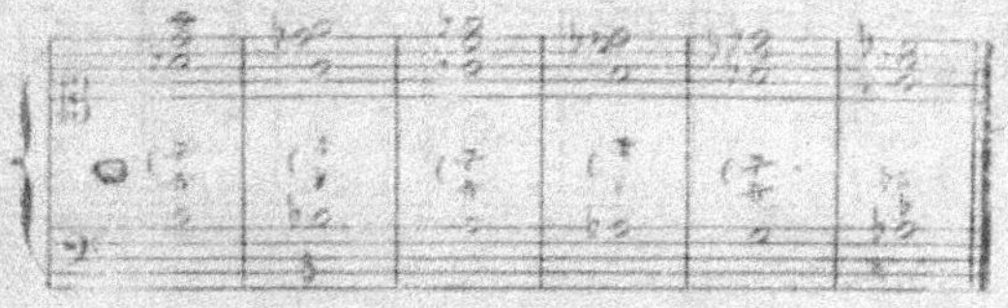

Les Renversements sont très agités.

(3)
2.e Renv.t

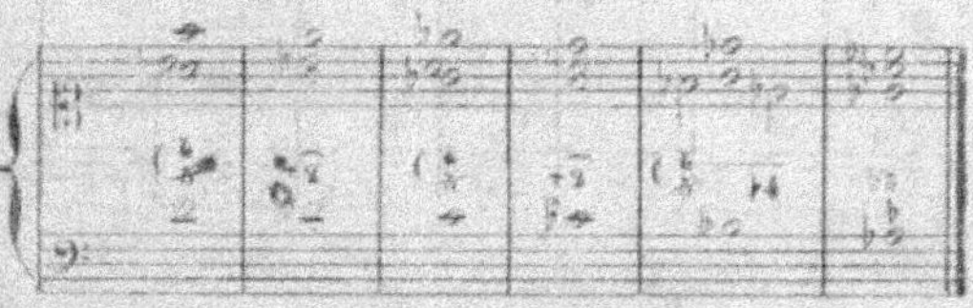

(3)
3.e Renv.t

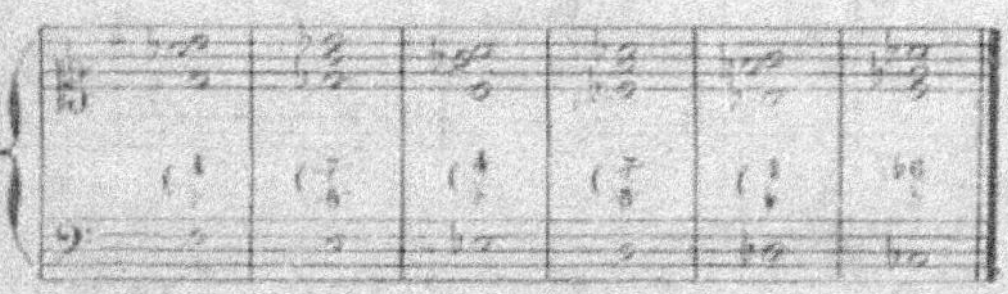

(3)
Substitution
inférieure.

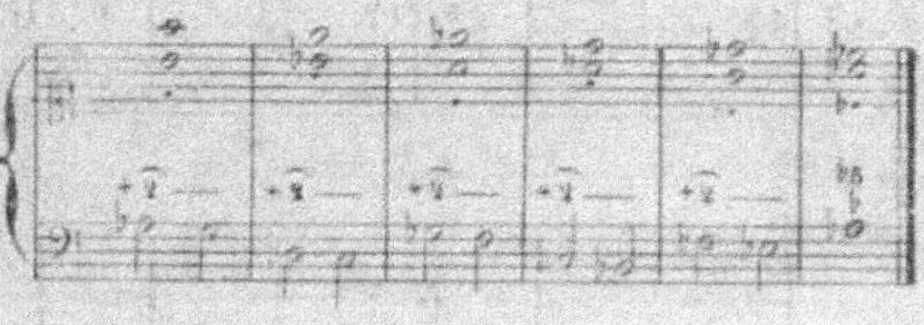

Cette dernière Progression ne s'écrit bien qu'à trois Parties. On peut cependant en ajouter une quatrième, indiquée par des points, mais celle-ci donnant toutes les quintes de l'harmonie fondamentale n'est pas très satisfaisante. Nous préférons donc l'harmonie à trois parties : Il vaut mieux se taire que de mal parler.

N.° 58.

Basse chiffrée.

Chant donné.
N° 59.

LEÇONS SUR L'EMPLOI DU RETARD DE LA SENSIBLE.

(Ckr, XX.)
N°. 41.
Basse à chiffrer.

Andante.
Chant donné.
N. 12.

N° 43.
Basse donnée.

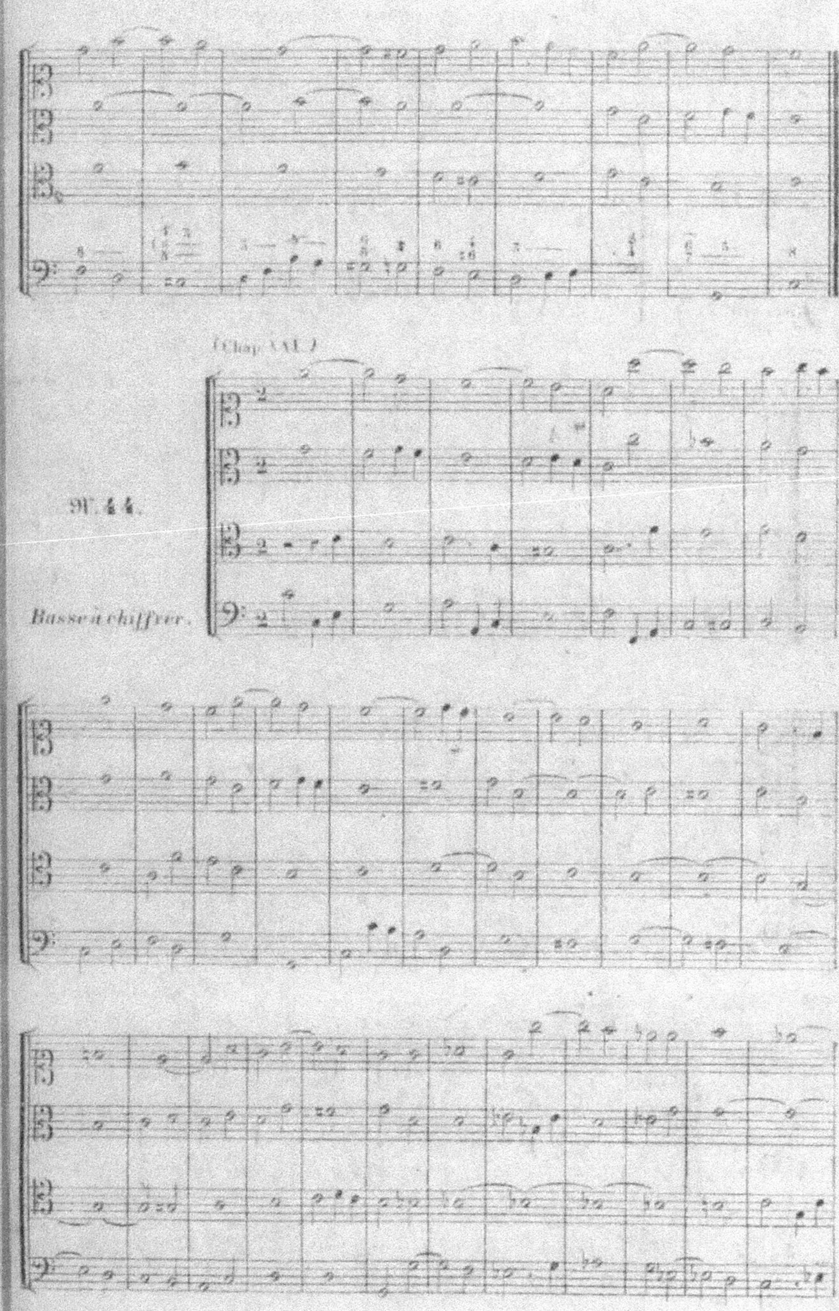
(Chap. XXX.)
N° 44.
Basse à chiffrer.

(Chap. XXI.) Moderato.
Chant donné.
N° 45.

LÉCONS POUR L'EMPLOI SIMULTANÉ DES DEUX RETARDS.

(Chap. XXII.)

N°. 46.

Basse à chiffrer.

Chant donné.
N.º 47.
(Chap. XXII.) Mod.º

(Chap. XXIII.)

N° 18.

Basse donnée.

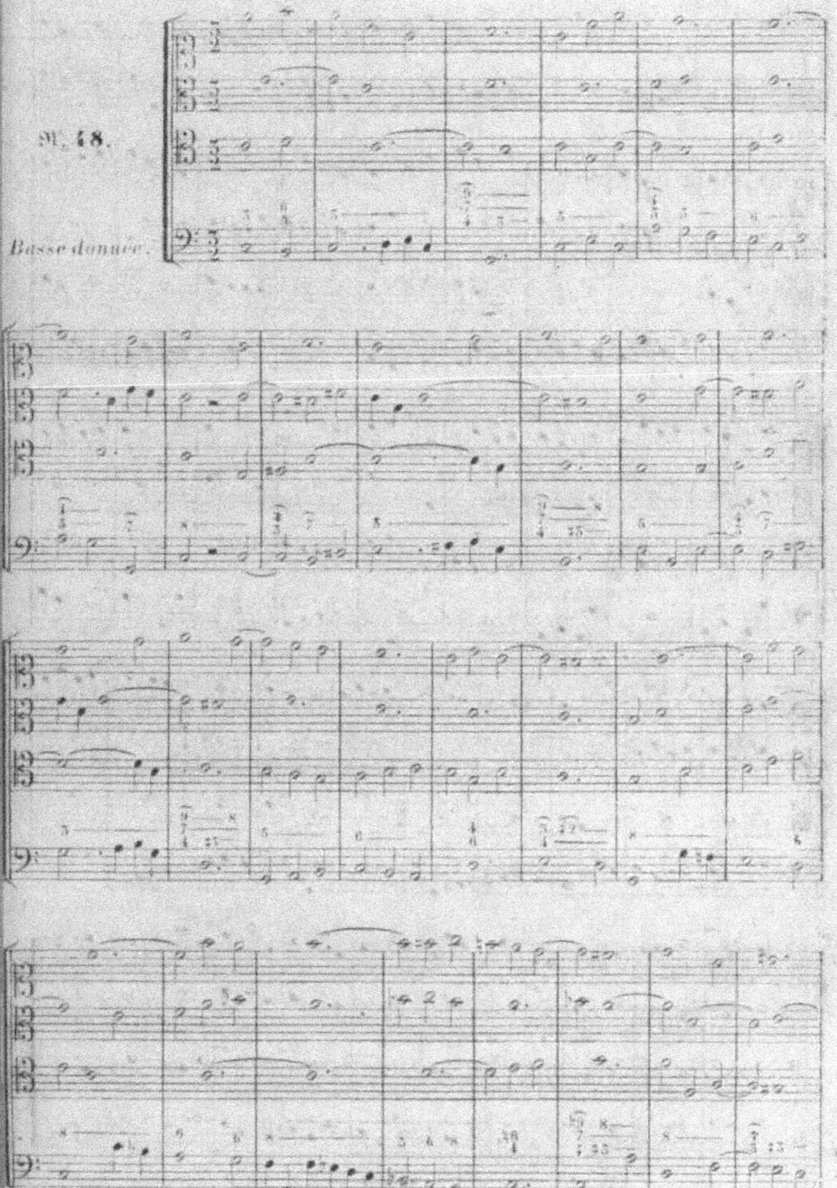

N° 49.

(Chap. XXIII.)
N.º 50.
Basse donnée.

Chant donné.
(Chap. XXIII.)
N° 54.

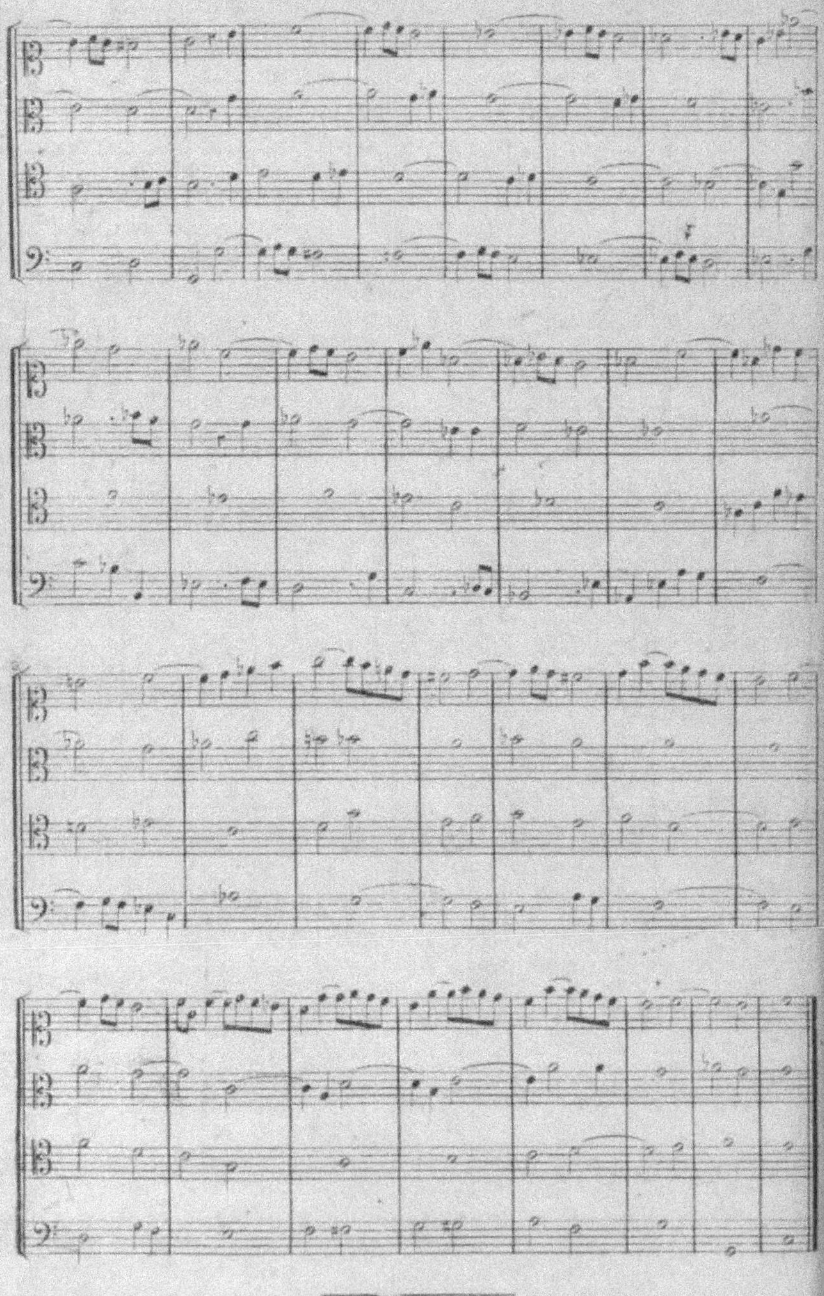

LEÇONS POUR L'EMPLOI SIMULTANÉ DE LA SUBSTITUTION
ET DU RETARD DE LA QUINTE.

Accord fondamental et Renversements.

(Chap. XXIV.)

N.º 52.

Basse donnée.

(Chap. XXV.)
N.53.
Basse donnée.

(Chap. XXIX.)
Chant donné.
N. 54.
Die.
Chant donné.

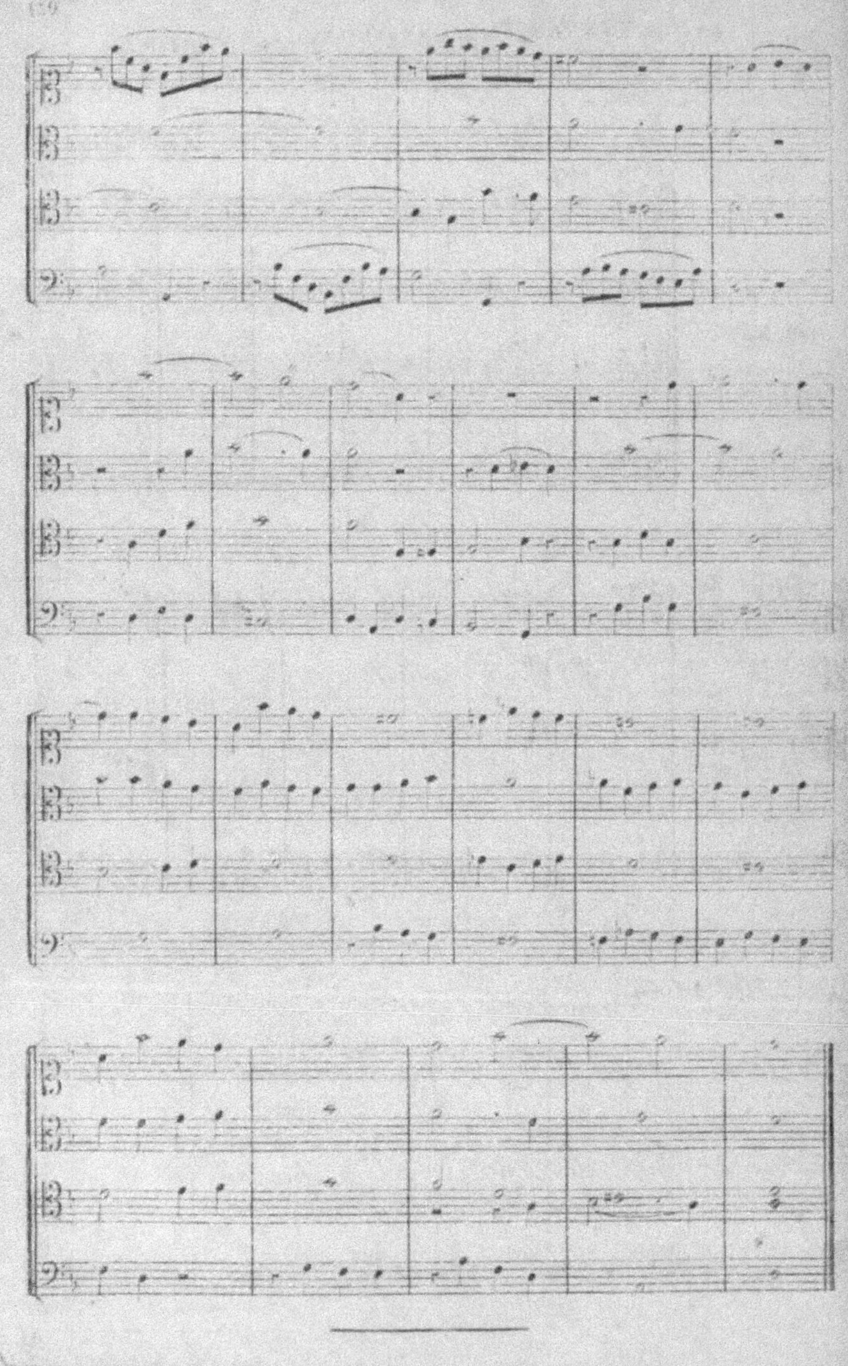

LEÇONS POUR L'EMPLOI SIMULTANÉ DES DEUX RETARDS
ET DE LA SUBSTITUTION.

Accord fondamental, Substitution supérieure et inférieure.

(Chap. XXV.)

N.° 55.

Basse donnée.

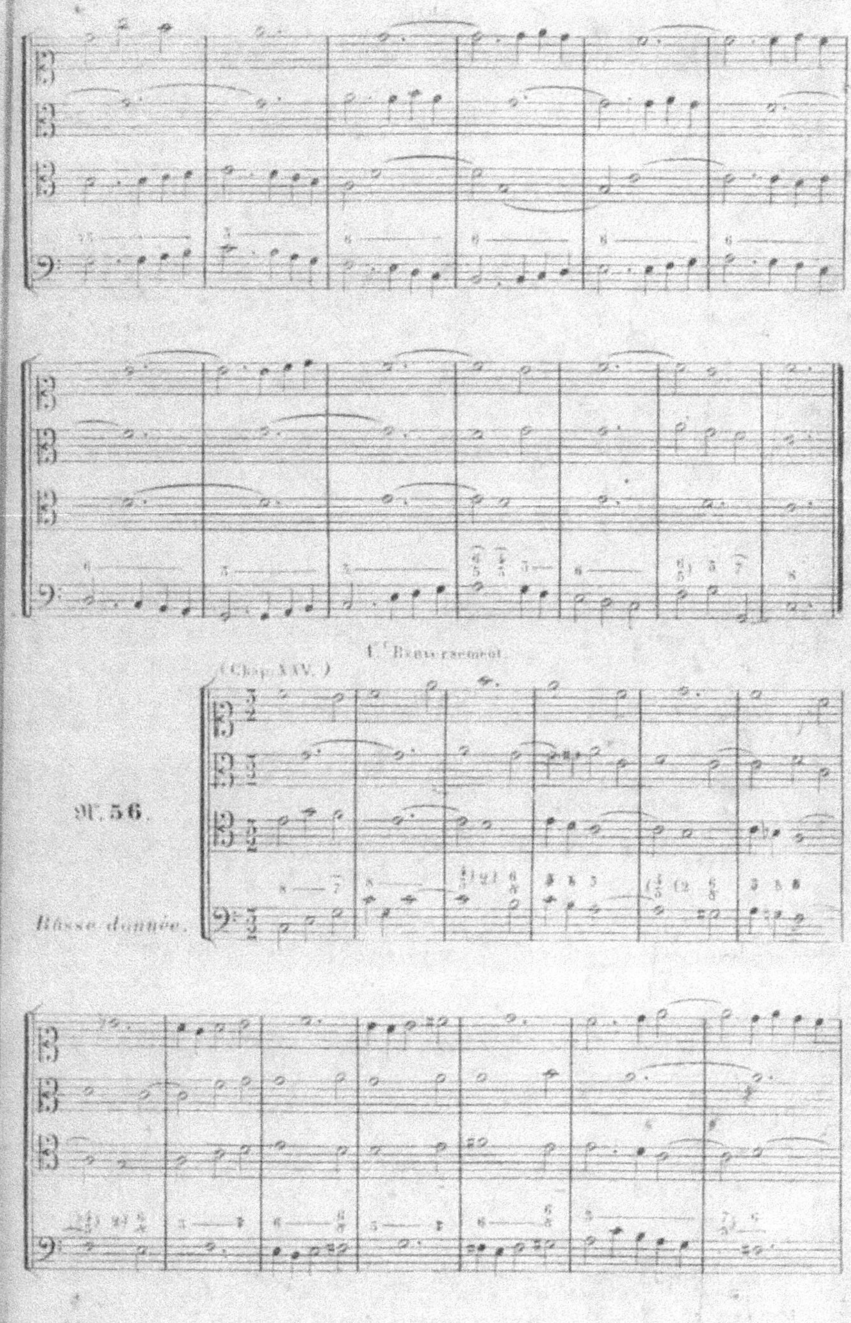
1.er Renversement.
(Chap. XXV.)
№ 56.
Basse donnée.

Chap. XXV, 2
2ᵈ Renversement
N° 57
Basse donnée.
135

5e. Renversement.
(Chap. XXI.)
91.58.
Basse donnée.

(Chap. XXV.)
N° 59.
Basse donnée.

(Chap. XXV.)
Chant donné.
N° 60.

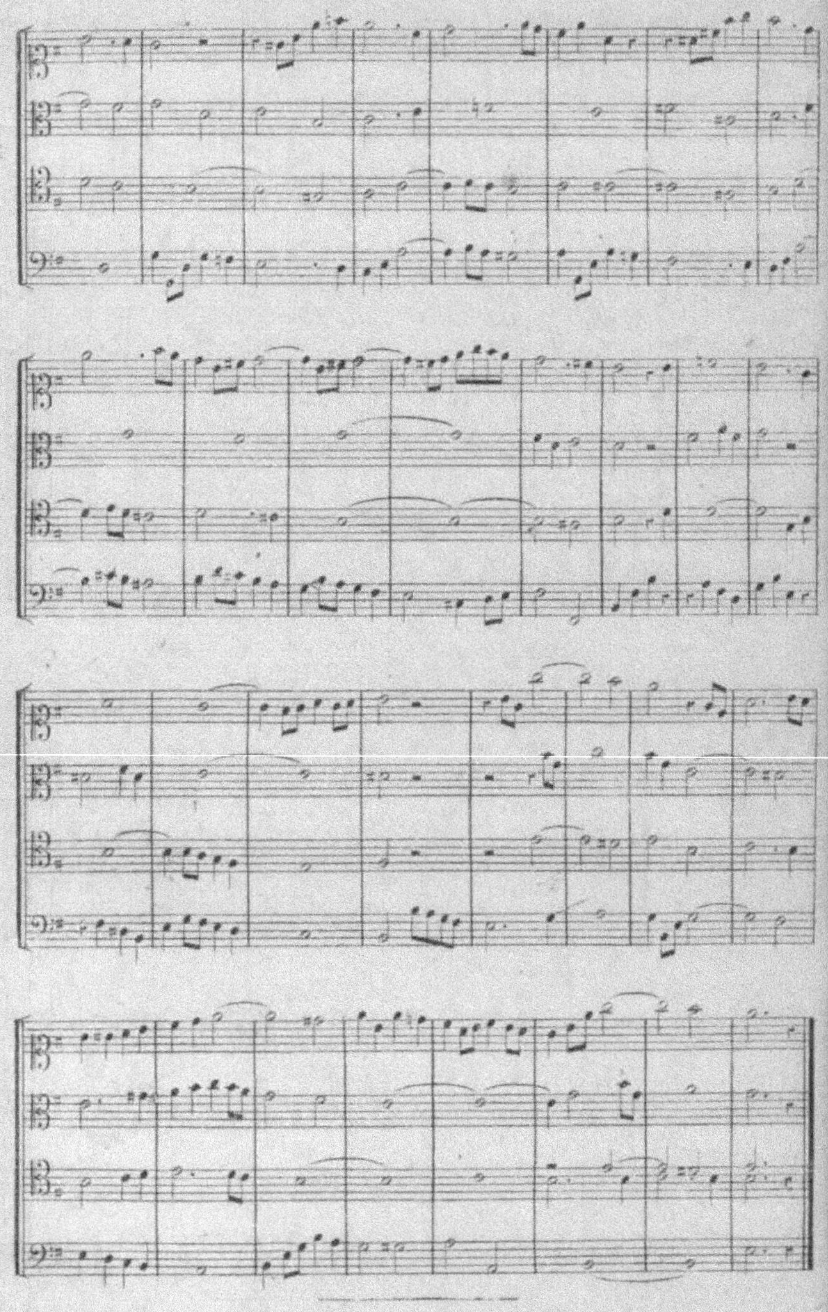

QUATRIÈME SECTION.

DES MODIFICATIONS DE L'ACCORD CONSONNANT.

LEÇONS POUR L'EMPLOI DU RETARD DE LA TIERCE
DANS L'ACCORD PARFAIT.

Agrégation de Quatre et Quarte et ses Renversements.

(Chap. XXVI.)

N. 61.

Basse donnée.

(Chap. XXVI.)
Chant donné.
N. 62.

LEÇONS POUR L'EMPLOI DE LA 9.ᵉ RETARD DE L'OCTAVE.

(Chap. XXVII.)

N.º 63.

Basse donnée.

N°. 64.

Basse donnée.

(Chap. XXVII.)
N. 65.
Basse donnée.

(Chap. XXVII.)
Chant donné.
N° 66.

LEÇONS POUR L'EMPLOI DE LA $\frac{4}{2}$ ET DE SES RENVERSEMENTS.

(Chap. XXVII.)

N.° 67

Basse donnée.

LEÇONS POUR L'EMPLOI DE LA $\frac{4}{2}$ ET DE SES RENVERSEMENTS.

(Chap. XXVII.)

(Nota) On pourra dans la leçon suivante employer le...

(Chap. XXVII.)

N. 68.

Basse donnée.

(Nota.) Dans la leçon suivante, sur la $\frac{4}{4}$ et ses renversements, on trouvera l'occasion d'employer la $\frac{6}{4}$, la $\frac{7}{5}$, le ... renversement de la 3.ᵉ

VARIANTE

(Chap. XXVIII.)

N° 70.

Basse donnée.

1.er Renversement.
(Chap. XXIII.)
N. 71.
Basse donnée.

5.ᵉ Renversement.

(Nota). On trouvera la possibilité d'employer le second

(Chap. XXVIII.)

N.º 72.

Basse donnée.

(Ch. p. XXVIII.)
N.º 73.
Basse donnée.

(Chap. XXVIII.)
Chant donné
N° 74.

DISSONNANCES ARTIFICIELLES.

PROGRESSIONS.

PROGRESSIONS DE SECONDES ASCENDANTES.

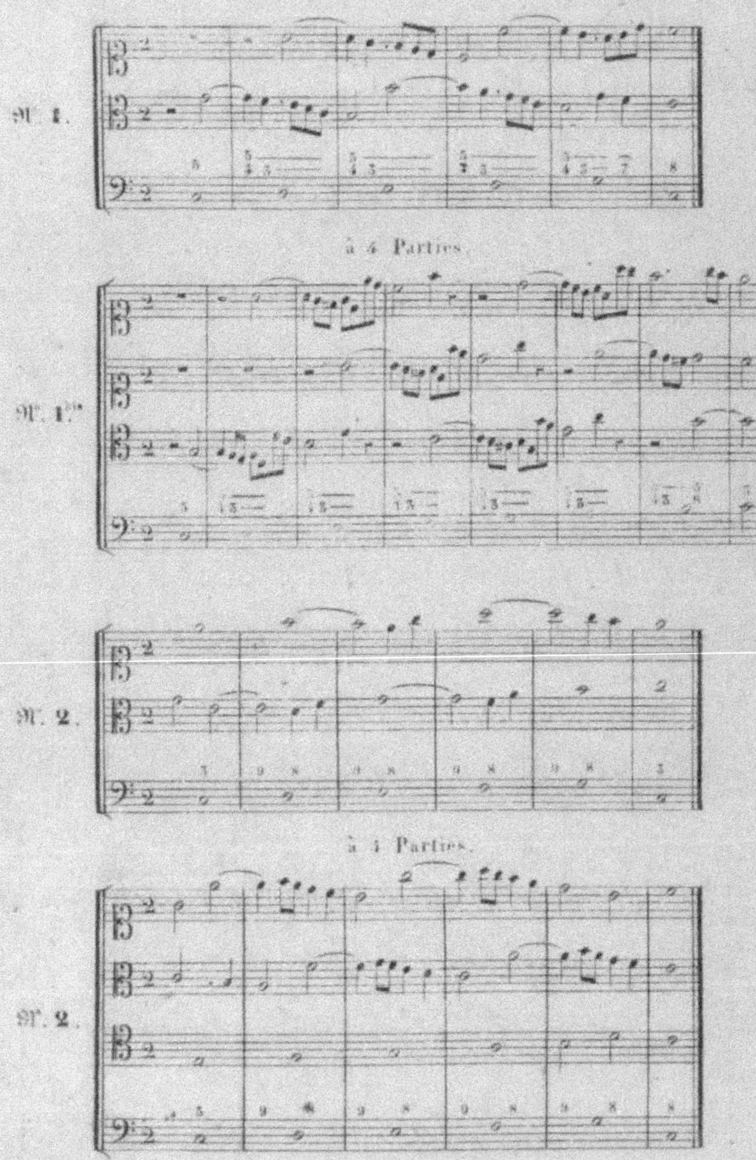

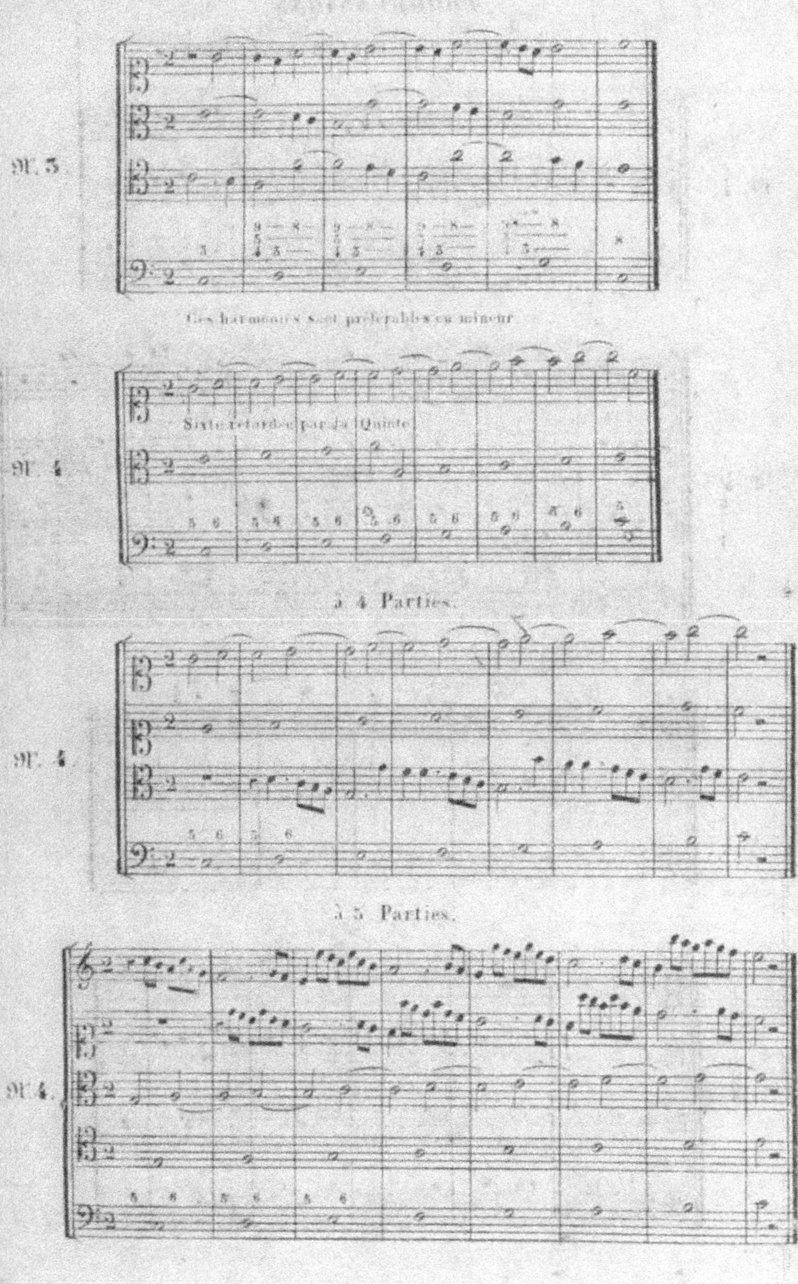

N.º 3
Ces harmonies sont préférables en mineur
N.º 4
Sixte retardée par la Quinte
à 4 Parties.
N.º 4
à 5 Parties.
N.º 4.

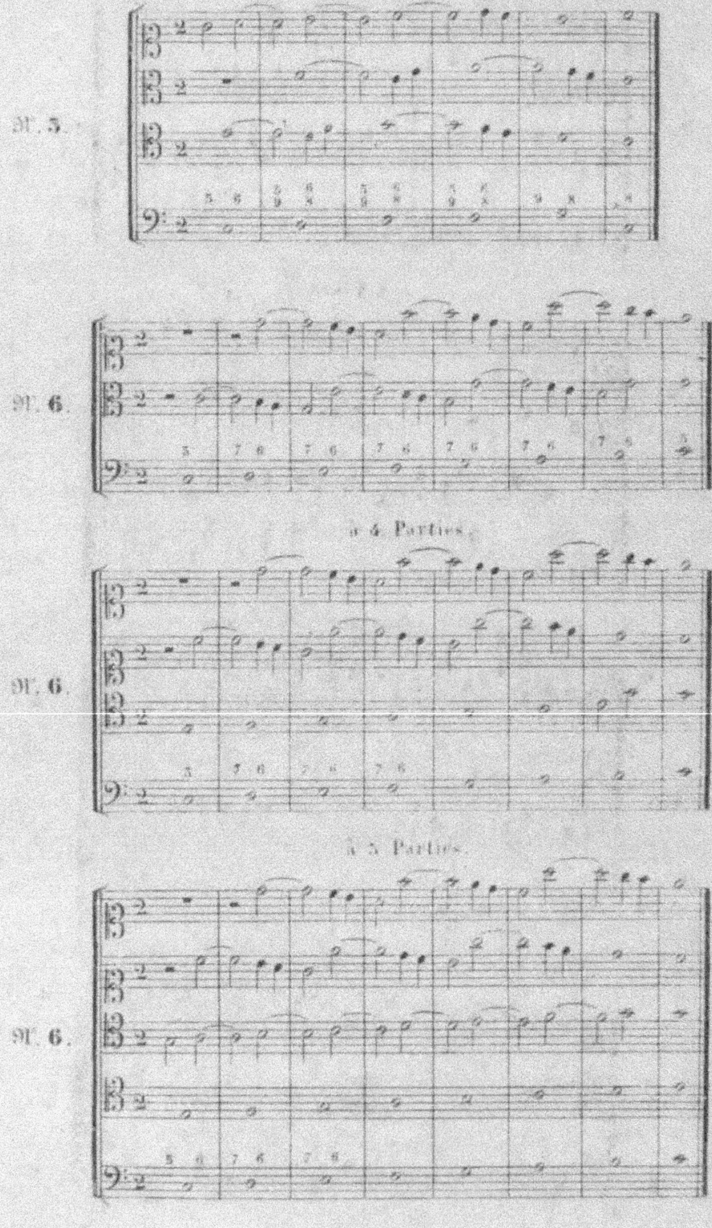
N.º 5.
N.º 6.
à 4 Parties.
N.º 6.
à 5 Parties.
N.º 6.

N. 7.

à 5 Parties.

N. 7.

à 6 Parties.

N. 7.

N. 8.

à 4 Parties.

N.º 8.

N.º 9.

N.º 10.

PROGRESSION MODULANTE

N.º 11.

PROGRESSIONS DE SECONDES DESCENDANTES.

Nº 1.

mieux en mineur.

Nº 1bis.

Nº 2.

à 4 Parties.

Nº 2.

le même en imitation

même basse descendant chromatiquement.

N°. 3.

autrement.

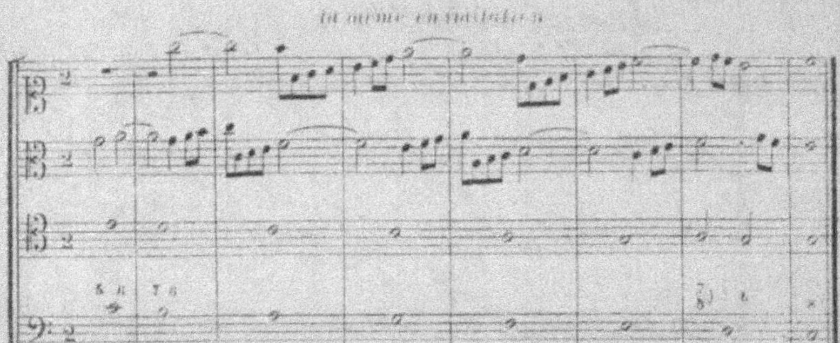

N°. 4.

à 4 Parties.

PROGRESSIONS MODULANTES.

N. 7.

PROGRESSIONS DE TIERCES ASCENDANTES.

retard à la basse.

retard à la basse.

N.o 6.
N.o 7.
PROGRESSIONS DE TIERCES DESCENDANTES.
N.o 1.
N.o 2.

N° 3.
N° 4.
à 4 Parties.
N° 4.
entrement.

No. 5.
No. 6.
No. 7.
No. 8.

N° 9.
PROGRESSIONS MODULANTES.
N° 10.
autres modulations.
N° 11.
N° 12.

LEÇONS SUR LES PROGRESSIONS DE SECONDES ET DE TIERCES
ASCENDANTES ET DESCENDANTES.

N.° 75.

Basse donnée.

N° 76.
Basse donnée.

PROGRESSIONS DE QUARTES ASCENDANTES

N° 1.

N° 2.

N° 3.

N° 4.

No. 5.
No. 6.
à 4 Parties.
No. 6.
No. 7.

à 4 Parties,
N.° 7.
avec retard à la basse.
N.° 8.
à 4 Parties,
N.° 8.
N.° 9.

à 4 Parties.

à 4 Parties.

retard à la basse.

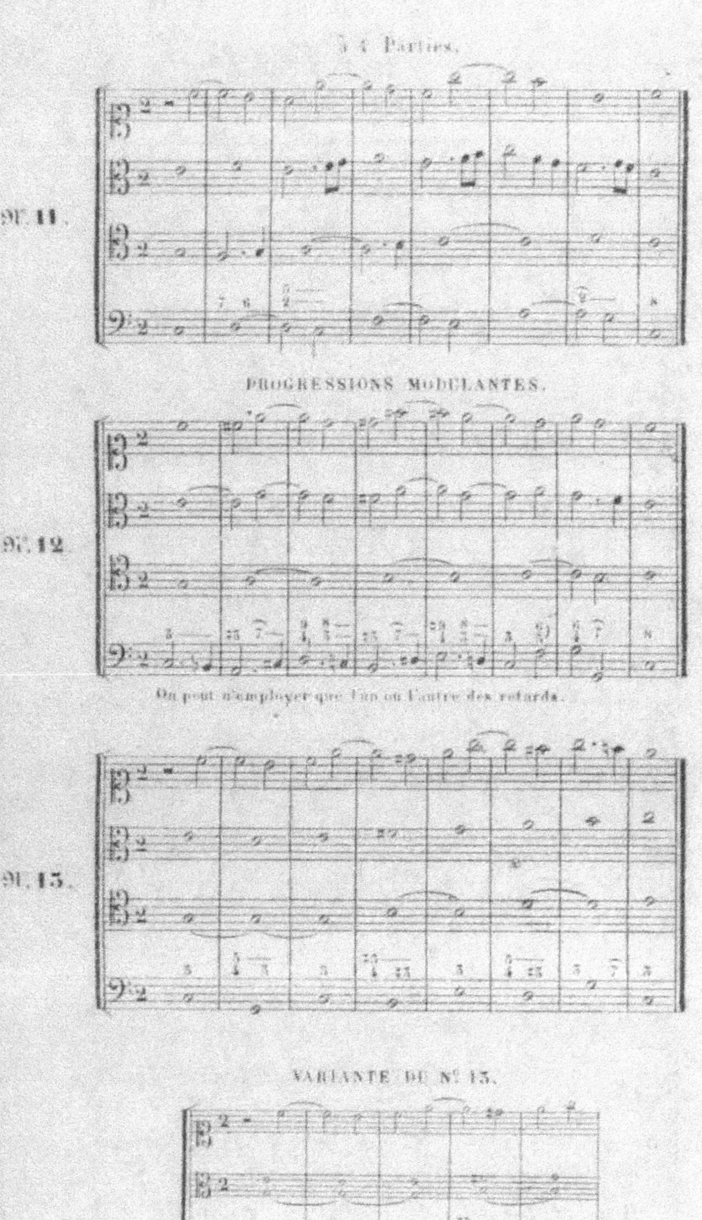
À 4 Parties.
N.º 11.
PROGRESSIONS MODULANTES.
N.º 12
On peut n'employer que l'un ou l'autre des retards.
N.º 13.
VARIANTE DU N.º 13.

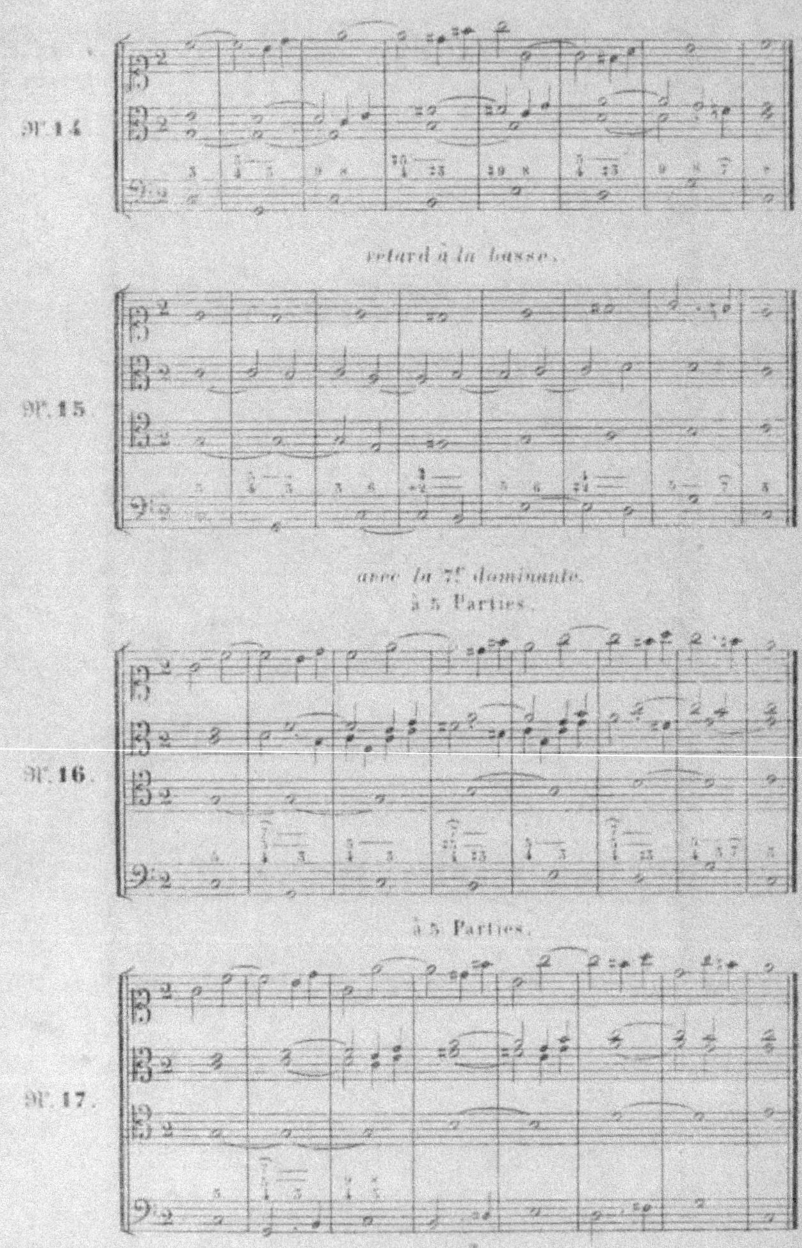
N°. 14.
retard à la basse.
N°. 15.
avec la 7.e dominante.
à 5 Parties.
N°. 16.
à 5 Parties.
N°. 17.

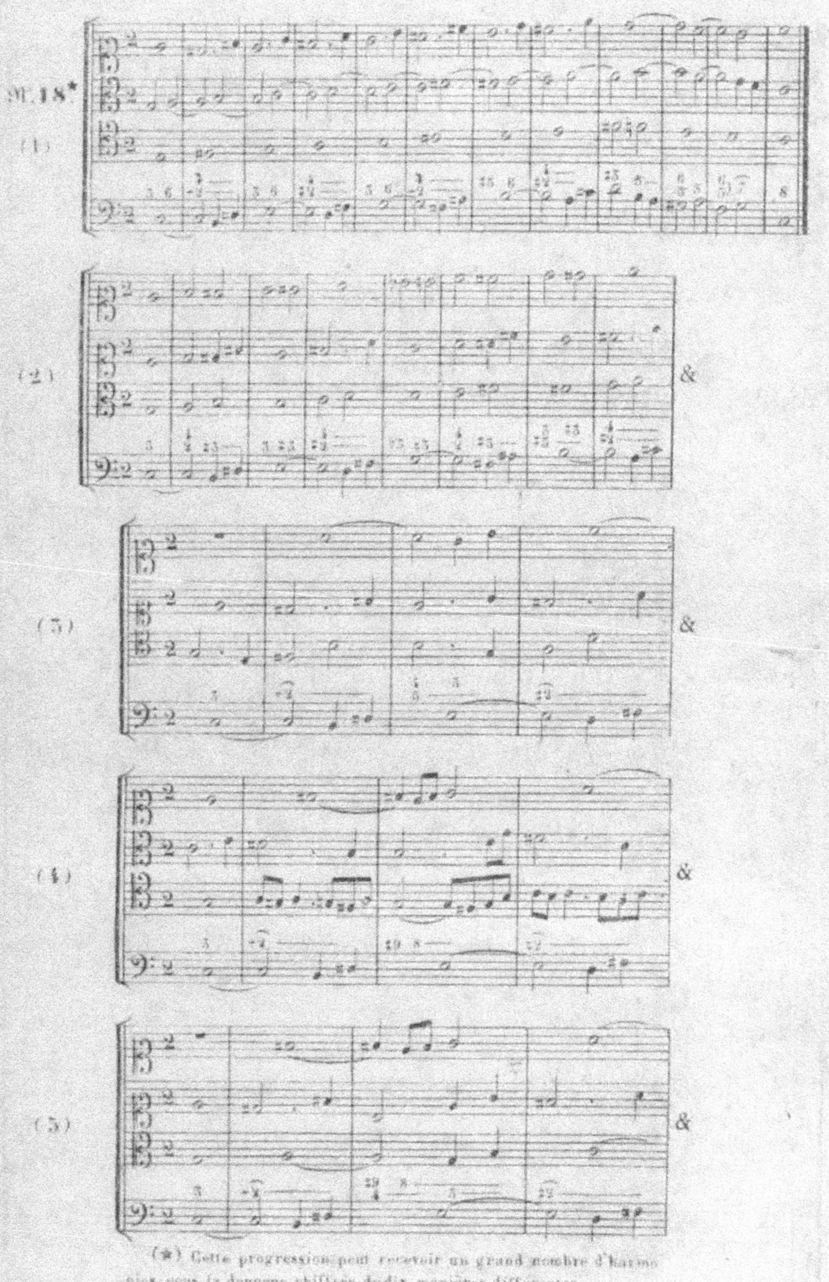

(*) Cette progression peut recevoir un grand nombre d'harmonies, nous la donnons chiffrée de dix manières différentes.

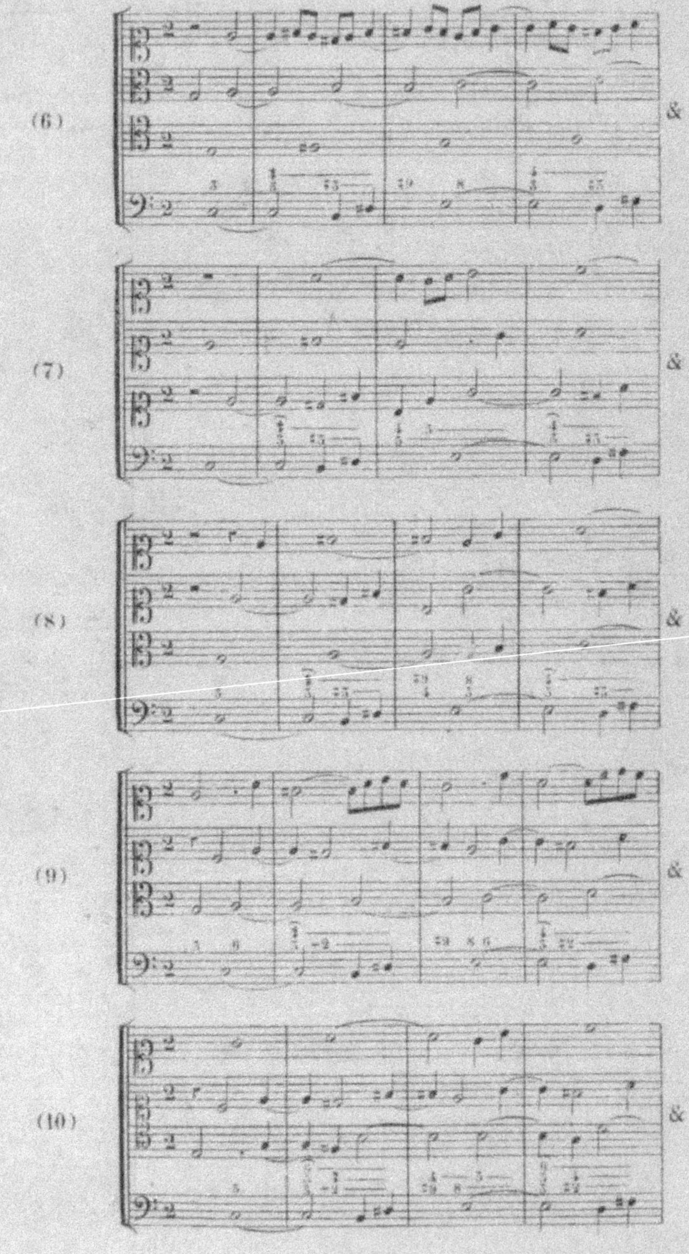

(6)

(7)

(8)

(9)

(10)

N.º 77.
Basse donnée.

PROGRESSIONS DE QUARTES DESCENDANTES.

Nº 1.

L'harmonie suivante est la plus usitée.

Nº 2. &

Nº 3. &

L'harmonie du Nº 2 appliquée à cette progression produit le même effet.

PROGRESSIONS MODULANTES

Nº 4.

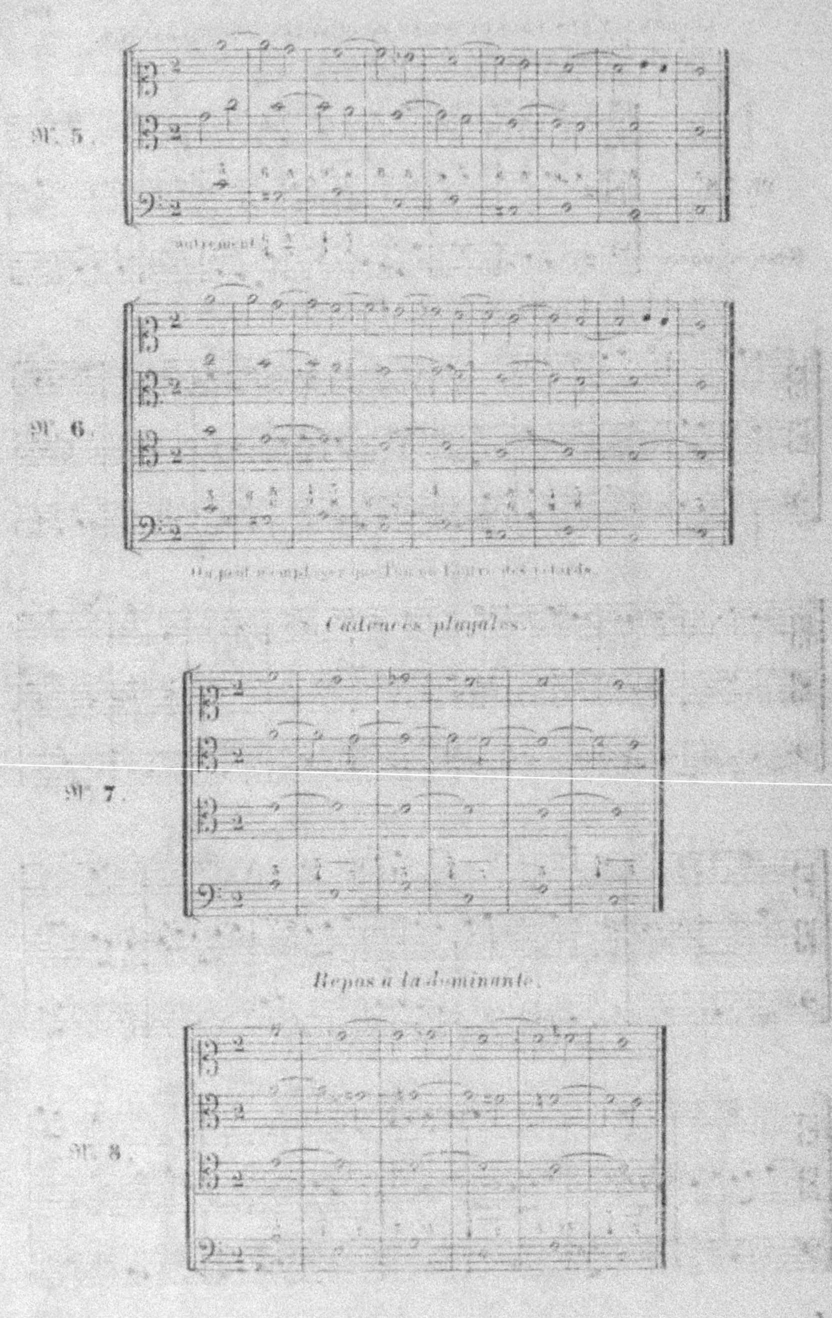
Nº 5.
autrement
Nº 6.
On peut remplacer quelques-unes l'autre des retards.
Cadences plagales.
Nº 7.
Repos à la dominante.
Nº 8.

Nº 78.
Basse donnée.

Nᵒ 79.
Basse donnée.

PROGRESSIONS DE QUINTES ASCENDANTES

PROGRESSIONS MODULANTES

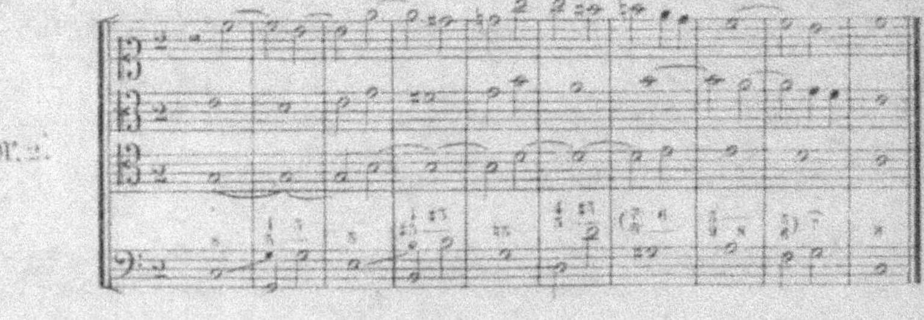

201
N° 79
N° 80
Basse donnée.
LEÇON SUR LES PROGRESSIONS DE QUINTES ASCENDANTES.

à 5 Parties.

Nº 5.

PROGRESSIONS MODULANTES.

Nº 6.

Nº 7.

Nº 8.

(1) Cette harmonie de Sixte et -Quinte qui ne provient pas d'une septième dominante est employée
ici par analogie de forme avec l'harmonie précédente.

(2) Même remarque que ci-dessus.

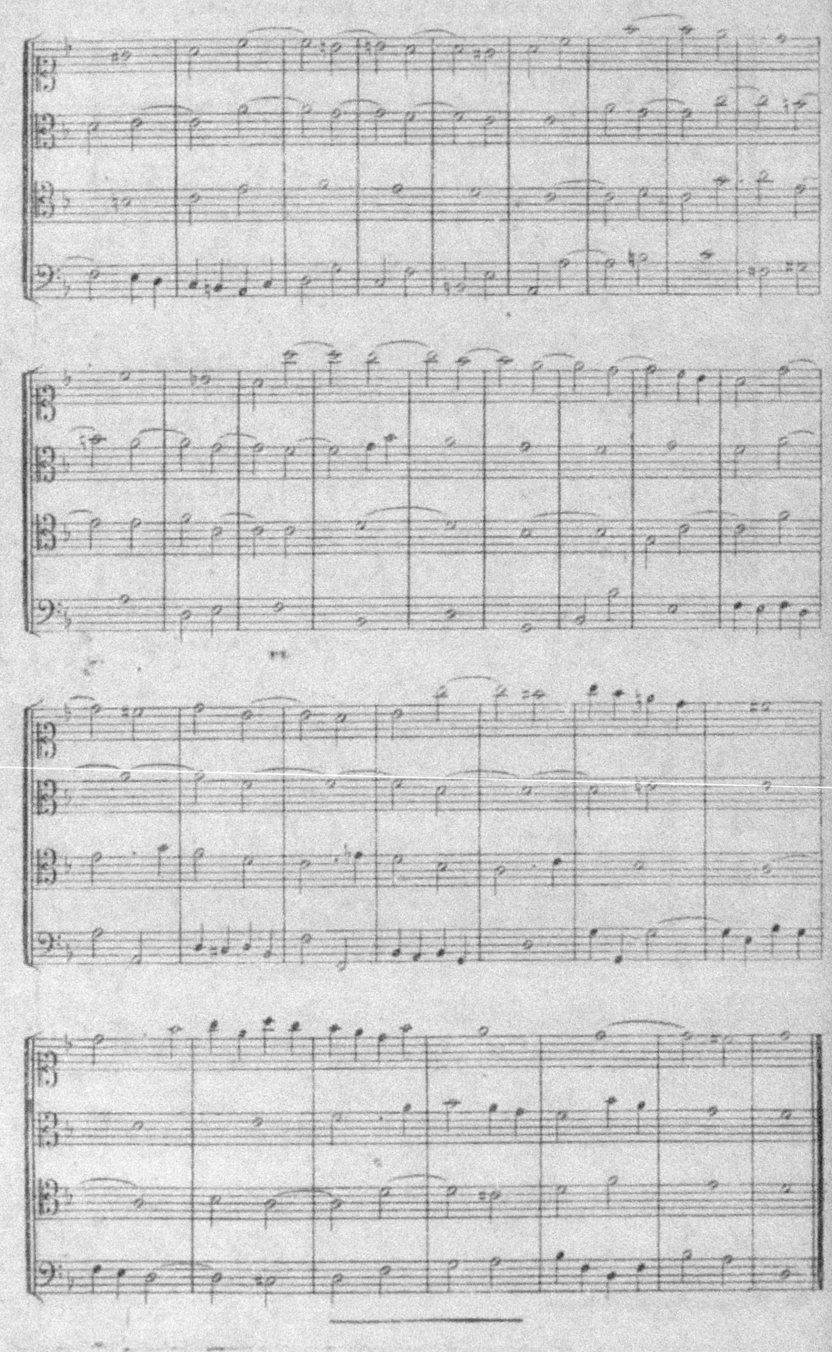

LEÇONS POUR L'EMPLOI DE LA PROLONGATION DE LA
SEPTIÈME DE DOMINANTE SUR LA TONIQUE.
(Chap. XXIX.)

N.º 82.

Basse donnée.

(Chap. XXIX.) Andante sostenuto.
Chant donné.
N° 85.

CINQUIÈME SECTION.

ALTÉRATIONS. HOMOPHONIES. ENHARMONIES.

LEÇONS POUR L'EMPLOI DES ALTÉRATIONS

DANS LES ACCORDS CONSONNANTS.

(Chap. XXXI.)

N°. 84

Basse donnée.

(Chap. XXXI.) Andante.
Chant donné.
N.º 85.
Chant donné.

LEÇONS POUR L'EMPLOI DES ALTÉRATIONS
DANS LES ACCORDS DISSONNANTS.
(Chap. XXXII.)

N°. 86.

Basse donnée.

(Chap. XXXII.) Andante.
Chant donné.
N.º 87.

rall.
a tempo.
rall.
a tempo.
rall.
a tempo.

LEÇONS SUR LES PROLONGATIONS DES ALTÉRATIONS
ET SUR LES ENHARMONIES.

(Chap. XXXIII. et XXXV.)

(Chap. XXXIII. XXXIV. XXXV.)
Chant donné.
N° 89.

(1) Accord de la dominante du ton de Ré ♯ mineur avec altération descendante de la dissonnance et de la quinte, homophone au premier renversement de l'accord de la dominante du ton de Si majeur modifié par la substitution mineure et l'altération ascendante de la quinte.

SIXIÈME SECTION.

ARTIFICES MÉLODIQUES, PÉDALES.

LEÇON POUR L'EMPLOI DES NOTES D'APPOGGIATURE ET D'ANTICIPATION.

(Chap. XXXVI.) Moderato.

a tempo.
rall.
rall.
rall.
a tempo.

N°. 91.

Basse donnée.

PÉDALES SUPÉRIEURES ET INTERMÉDIAIRES.

(Chap. XXXVII.)

N°. 92

Basse donnée.

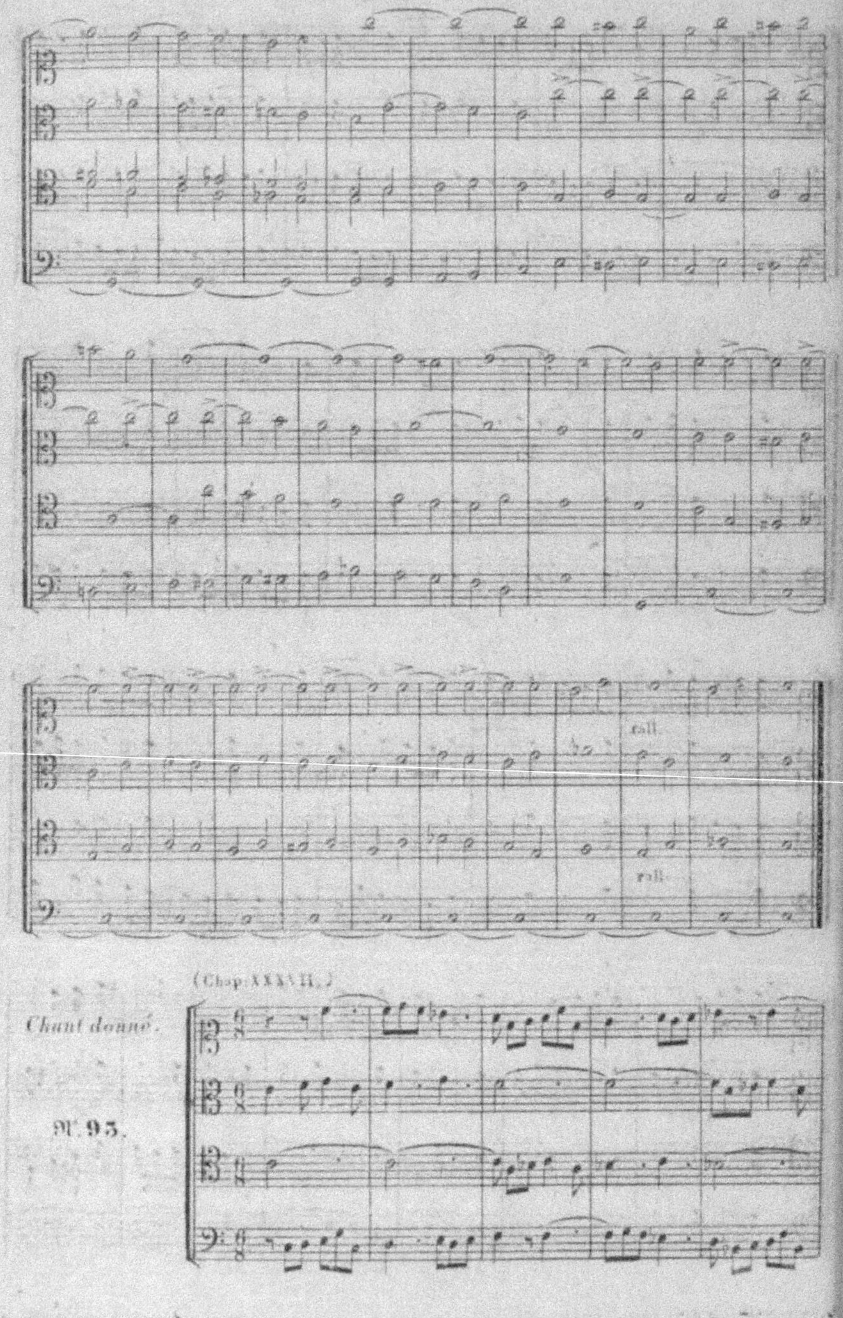

rall.
rall.
Chant donné.
(Chap. XXXII.)
N.º 95.

APPENDICE.

LEÇON CONTENANT UN CONTRE-POINT DOUBLE.

(Article Iᵉʳ)

N°. 94.

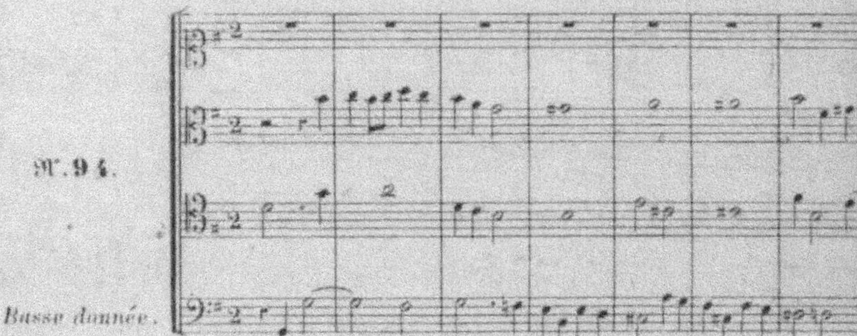

LEÇONS SUR L'ENSEMBLE DES ÉTUDES.

N. 96.
Basse donnée.

234.
Chant donnée.
N.º 97.

N.º 98.

Basse donnée.

(1) Voyez la Théorie, Chap. XXXV, parag. 524, alinéa F.

238
Modérato.
Chant donné.
N. 99.

N. 100.
Basse donnée.

Chant donné.
N°. 101.

N.º 102.
Basse donnée.

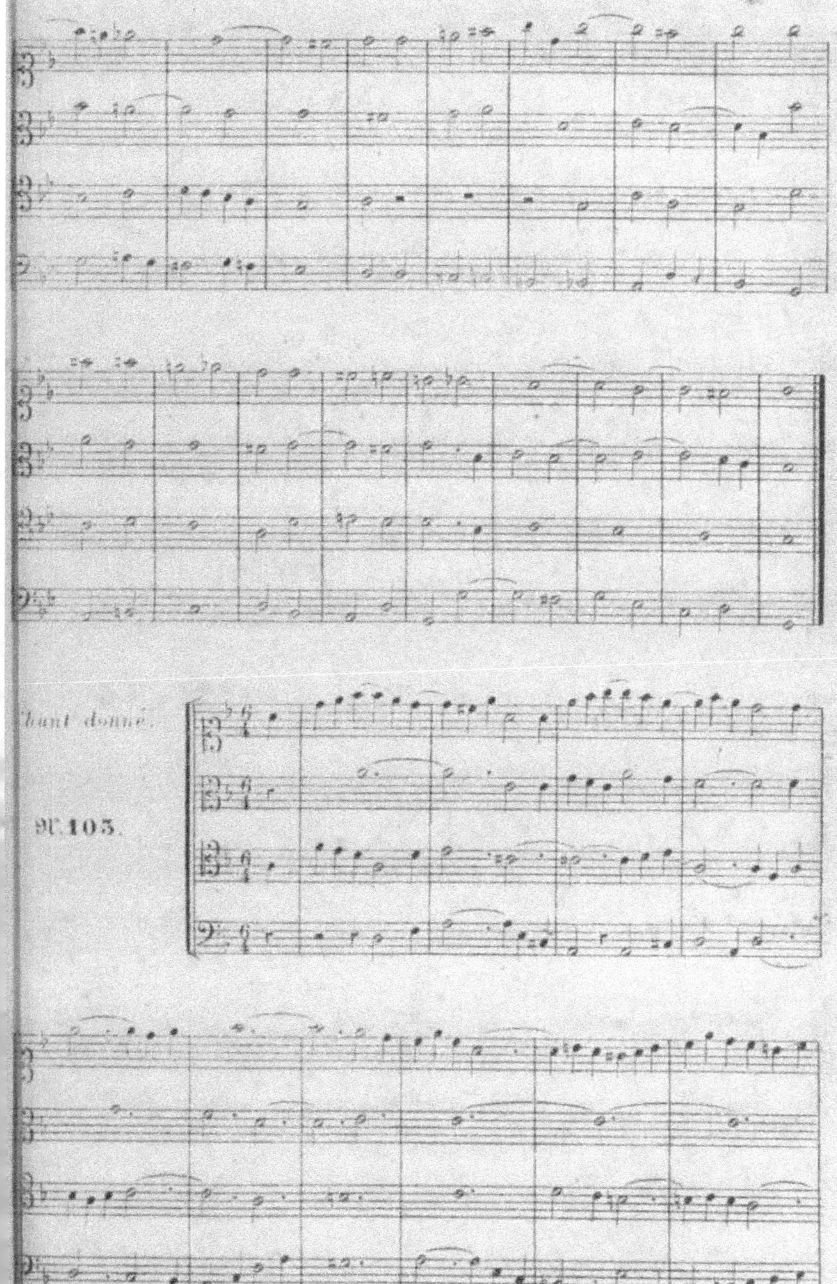
Chant donné.
Nᵒ 103.

Nº 104.
Basse donnée.

Lento.
Chant donné.
Nº 105.
p
p
p
p Double Pédale

Double Basse.

N.º 106.

Basse donnée.

Chant donné.
N.º 107.

N° 108
Basse donnée.

Chant donné.
N° 109.
Chant donné.

N°. 110.
Basse donnée.

Chant donné.
N. 111.

N°. 112.

Basse donnée.

Chant donné.
N° 113.

N°. 114.
Basse donnée.

Lento.
Chant donné.
N. 115.
Chant donné.

N° 116.
Basse donnée.
(Contre-partie triple).

Renversement du contre-point triple.

(2.d Renversement du contre-point triple)

un poco Adagio.
Chant donné.
Nº 117.

N° 118
Basse de viole

Andante.
Chant donné.
N°. 119.

Chant donné.
N.° 120.
Moderato sostenuto.

FIN.